E-Book inside

Mit dem untenstehenden Download-Code erhalten Sie die PDF-Version dieses Buches.

So laden Sie Ihr E-Book inside herunter:

1. Öffnen Sie die Website: http://www.beltz.de/ebookinside
2. Geben Sie den untenstehenden Download-Code ein und füllen Sie das Formular aus.
3. Mit dem Klick auf den Button am Ende des Formulars erhalten Sie Ihren persönlichen Download-Link.
   [Für den Einsatz des E-Books in einer Institution fragen Sie bitte nach einem individuellen Angebot unseres Vertriebs: buchser-vice@beltz.de. Nennen Sie uns dazu die Zahl der Nutzer, für die das E-Book zur Verfügung gestellt werden soll.]
4. Der Code ist nur einmal gültig. Bitte speichern Sie die Datei auf Ihrem Computer.
5. Beachten Sie bitte, dass es sich bei Ihrem Download um eine Einzelnutzerlizenz handelt. Das E-Book ist für Ihren persönlichen Gebrauch bestimmt.

Download-Code

GG4A6GPRE4

Ernst Fritz-Schubert, Tobias Rohde

Holpern · Stolpern · Weiterkommen

Bewahre mich vor dem naiven Glauben,
es müsste im Leben alles gelingen.
Schenke mir die nüchterne Erkenntnis,
dass Schwierigkeiten, Niederlagen, Misserfolge,
Rückschläge eine selbstverständliche Zugabe
zum Leben sind, durch die wir wachsen und reifen.

Antoine de Saint-Exupéry

Ernst Fritz-Schubert, Tobias Rohde

Holpern · Stolpern · Weiterkommen

Für eine konstruktive Fehlerkultur in der Schule

Ernst Fritz-Schubert, Dr. phil., Dipl. Volkswirt, Syst. Therapeut, Dozent an der SRH-Hochschule in Heidelberg. Er promovierte über das Thema »Lernziel Wohlbefinden« und war Schulleiter der Willy-Hellpach-Schule in Heidelberg, an der er 2007 das »Schulfach Glück« einführte. Der Autor zahlreicher Veröffentlichungen zum Thema Glück und Wohlbefinden leitet das nach ihm benannte Fritz-Schubert-Institut, das Methoden zur Persönlichkeitsstärkung erforscht und entwickelt.
https://www.fritz-schubert-institut.de

Tobias A. L. Rohde, ist Junior-Direktor des Fritz-Schubert-Instituts und Vorstand der Fritz-Schubert-Stiftung sowie systemischer Coach und Berater.

MIX
Papier aus verantwortungsvollen Quellen
FSC® C089473

Dieses Buch ist erhältlich als:
ISBN 978-3-407-25825-0 Print
ISBN 978-3-407-25847-2 E-Book (PDF)
ISBN 978-3-407-25895-3 E-Book (EPUB)

1. Auflage 2022

Lektorat: Miriam Frank
Illustrationen/Abbildungen Innenteil:
Irina Pfenning (www.inovis.cc · irina.pfenning@inovis.cc)

Umschlaggestaltung: Michael Matl
Umschlagabbildung: © gettyimages, Roos Koole

Herstellung und Satz: Michael Matl
Druck und Bindung: Beltz Grafische Betriebe, Bad Langensalza
Beltz Grafische Betriebe ist ein klimaneutrales Unternehmen (ID 15985-2104-100).
Printed in Germany

Weitere Informationen zu unseren Autor:innen und Titeln finden Sie unter: www.beltz.de

Inhalt

Einführung 7

1. Kapitel · Irren ist menschlich, oder? 9

Musterlösung und Manipulation als Lernaufgabe? 9
Kein Ausprobieren auf der Bühne des Lebens 12
Fremde Erwartungen als Messgröße für Erfolg? 15

2. Kapitel · Konstruktive Fehlerkultur 20

Die Zeit ist reif für eine konstruktive Fehlerkultur 22
Durch den Erwerb von Ressourcen und Kompetenzen ein Talent für das Schicksal entwickeln 23

3. Kapitel · Das Gewächshaus der Persönlichkeitsentwicklung 27

Der Boden des Gewächshauses: Bedürfnisse – Was brauche ich? 29
Die erste Seitenfläche des Gewächshauses: Der Selbstwert – Wer bin ich? 47
Die zweite Seitenfläche des Gewächshauses: Das Selbstkonzept – Was will ich? 49
Die dritte Seitenfläche des Gewächshauses: Die Selbstkompetenz – Was kann ich? 51
Fazit: Das Gewächshaus und die konstruktive Fehlerkultur 54

4. Kapitel · Wie die konstruktive Fehlerkultur der Entwicklung von jungen Menschen hilft 59

Amelie und ihre Erlebnisse mit der »lösungsorientierten Fehlerkultur« 59
Wie würde eine konstruktive Fehlerkultur dem Grundschüler Benny helfen? 62
Wie könnte es gelingen, dass Clara nicht weiter erdulden muss, sondern endlich gestalten kann? 66
Fazit 74

5. Kapitel · Positive Institutionen und Begleiter für das Wachsen 79
Schulentwicklung gemeinsam wagen 79
Persönlichkeitsentwicklung für Profis: Ein Kurs für Gewächshausexperten 81
Das Lernziel Wohlbefinden als Grundlage für den Aufbau eines Gewächshauses der Persönlichkeit 82

Anhang 97

Die Positive Pädagogik als Grundlage der konstruktiven Fehlerkultur 98
Wie kann die Schule zum positiven Erleben beitragen? 98
Ressourcenorientierung – die Stärkung positiver Eigenschaften 100
Aufbau positiver Institutionen bzw. »Kreativer Felder« (Gastbeitrag von Olaf-Axel Burow) 105

Literatur 117

Einführung

Aus seinen Fehlern kann man mehr lernen als aus seinen Erfolgen, behauptet der italienische Schriftsteller Primo Levi. Wie recht er hat. Bevor ein Kind laufen lernt, landet es viele Male auf seinem Hinterteil. Es bleibt aber nicht sitzen, sondern steht jedes Mal wieder auf, holpert, stolpert und probiert es immer wieder. Und siehe da, irgendwann, viele Fehlversuche und Neu-Anfänge später, läuft es zur Freude der Eltern ganz aufrecht wie alle anderen Menschen auch.

Ein Kind lernt durch sehr viele Versuche, mit Gabel und Löffel umzugehen, und vielleicht auch durch viele gescheiterte Versuche, wie man seinen eigenen Willen durch geschicktes Taktieren durchsetzen kann. Aus Erfahrungen zu lernen gilt als die älteste und nachhaltigste Form des Lernens. Dazu gehören eben auch

Fehlschläge, Niederlagen und vielleicht manchmal sogar das Scheitern. Denn darin verbergen sich nicht nur Fehler, die man erkennen möchte, sondern hier liegen auch großartige Schätze der Erfahrung vergraben, die wir suchen, heben und nutzen können, um uns weiterzuentwickeln. Vorausgesetzt, wir schaffen es, uns konstruktiv mit Fehlern auseinanderzusetzen und uns neu auszurichten.

Leider wird uns viel zu selten bewusst, dass wir aus den eigenen und fremden Fehlern und Irrtümern lernen, es beim nächsten Mal besser zu machen, und neue Erkenntnisse und Fähigkeiten entwickeln, um den künftigen Herausforderungen begegnen zu können.

Um an Niederlagen wachsen zu können, muss nicht nur das Gelingen geübt werden, sondern auch das Misslingen, das Danebengehen, das Floppen. Es fällt nicht leicht, rechtzeitig aktiv zu entscheiden, einen anderen Weg zu gehen oder aufzuhören und sich einzugestehen, dass die geistigen, körperlichen oder mentalen Ressourcen noch nicht ausreichen, um die anstehenden Herausforderungen zu bewältigen. Es erfordert mehr als nur die Kenntnis über die tatsächlichen oder scheinbaren Fehlerquellen, die es künftig zu vermeiden gilt. Dazu gehört auch, sich seiner Stärken bewusst zu werden, an ihnen zu arbeiten und sie zu erweitern, um den nächsten Versuch starten zu können. Auch ohne die Fähigkeit, sich selbst zu beruhigen und zu motivieren, und ohne eine genaue Vorstellung über die wirkliche Bedeutung der Ziele für sich selbst wird ein Neustart schwierig.

Kann man das lernen? Ja, sagen die Psychologen und Neurobiologen[1]. Leider ist das bei manchen Lehrkräften noch nicht richtig angekommen. In den Schulen gibt es deshalb immer noch zu viele Fehlerfahnder und zu wenig Schatzsucher.

Dieses Buch soll Sie, liebe Eltern, verehrte Lehrkräfte, Erzieher und andere Lebensbegleiter, ermutigen, die Vorzüge einer konstruktiven Fehlerkultur zu erkennen und sie als Ablösung der Defizitorientierung der traditionellen Pädagogik zu sehen. Es wird Zeit, den Perspektivenwechsel zu wagen, Stärken und Talente unserer Kinder und Jugendlichen zu entdecken und ihre Potenziale zu fördern. Erst dann wird die Schule wieder zu einem Ort der Lern- und Lebensfreude, wie es in den Bildungsplänen vollmundig angekündigt wird.

1 Sehen Sie uns nach, dass wir aus Gründen des Leseflusses nicht konsequent weiblich, divers, männlich formuliert haben. Dennoch möchten wir damit alle ansprechen.

1. Kapitel · Irren ist menschlich, oder?

Drei ganz reale Beispiele aus dem Alltag sollen uns in diesem Buch das Holpern und Stolpern verdeutlichen und den konstruktiven vom destruktiven Umgang mit Fehlern und Irrtümern in Elternhaus und Schule voneinander abgrenzen helfen. Dabei wurden die tatsächlichen Namen der betroffenen Kinder und Jugendlichen durch Amelie, Benny und Clara ausgetauscht.

Musterlösung und Manipulation als Lernaufgabe?

Lehrer haben vormittags recht und nachmittags frei, rezitierte kürzlich eine Mutter, die in unserer Beratungspraxis erschien, den abgenutzten Spruch. Sie berichtete uns von dem Lehrer ihrer sechzehnjährigen Tochter Amelie. Dieser forderte nach Klassenarbeiten die Schülerinnen und Schüler dazu auf, anhand einer ausgegebenen Musterlösung die Arbeit des Banknachbarn zu korrigieren und zu benoten. Die Ergebnisse wären meist exzellent. Auch der Lehrer wäre bei den Schülerinnen und Schülern beliebt und manche Eltern würden sogar das Korrekturverfahren gutheißen.

Sie aber empörte sich sehr, weil sie glaubte, dass der Lehrer einfach nur zu faul sei, mittags die Arbeiten zu korrigieren. Außerdem würde er die Jugendlichen zu Betrügern erziehen. Die Schülerinnen und Schüler hätten sich nämlich zu einer Solidargemeinschaft zusammengeschlossen, um »ergebnisorientierte« Strategien im Umgang mit Fehlern zu praktizieren. Anhand der vom Lehrer ausgegebenen Musterlösungen korrigierten sie die Fehler auf ihre Weise, indem sie durch Ergänzungen, Radieren oder Überschreiben der ursprünglichen Lösungen manipulieren würden. Wie durch ein Wunder verschwänden so manche der Fehler und zur Freude der Jugendlichen verbesserten sich auch deren Noten. Sie habe deshalb kürzlich auch schon beim Schulleiter nachgefragt, ob solche Praktiken akzeptiert werden können oder ob man nicht dagegen vorgehen müsse.

Die Mutter berichtete weiter, dass der Lehrer mittlerweile von der Schulleitung befragt worden wäre, was die pädagogische Zielsetzung für seine Entscheidung zu dieser Korrekturmethode gewesen sei. Der Lehrer rechtfertigte sein Vorgehen als »lösungsorientierte Fehlerkultur«. Schülerinnen und Schüler sollten so eigenverantwortlich die Unterschiede zur Musterlösung des Lehrers als Fehler identifizieren und selbst die vorgegebenen Lösungen mit den Ausführungen des Nachbarn vergleichen und benoten.

Es lässt sich vielleicht darüber streiten, was lösungsorientiert in diesem Kontext bedeuten könnte. Ob Amelie und die anderen Schülerinnen und Schüler mit dieser Methode wirklich Lernfortschritte erzielten, darf jedoch stark angezweifelt werden, denn dazu würde eine konstruktive Auseinandersetzung mit den einzelnen Fehlern gehören. Stattdessen wurden die Fehler jedoch vor allem destruktiv als Makel und Defizit identifiziert, die von den Lernenden unter allen Umständen kaschiert werden mussten, um auf diese Weise die Bewertung der Leistung, die Note des Nachbarn, zu verbessern.

Das ist aber das Gegenteil von konstruktiver Fehlerkultur, mit der erreicht werden soll, dass Fehler positiv als möglicher Lernzuwachs für die Lösung künftiger Problemstellungen betrachtet werden. In manchen Fällen, wenn die Abweichungen von der Norm zulässig oder sogar wünschenswert sind, ergänzen Fehler vorgegebene Lösungswege oder können sie vielleicht sogar korrigieren.

Vielleicht fragen Sie sich jetzt, ob Schule dazu überhaupt in der Lage ist. – Ja, wenn sich das Klassenzimmer in einen Raum der Schatzsucher verwandelt, in dem Kinder und Jugendliche in Fehlern Lern- und Entwicklungsaufgaben sehen, diese konstruktiv miteinander besprechen und sie als Indikatoren für einen zusätzlichen Handlungs- und Regulationsbedarf erkennen. Schulische Ziele wie Integrität und Mündigkeit erfordern weiterhin die Stärkung des moralischen Bewusstseins, um konsequent und kompetent einer Vertuschungs- und Betrugskultur entgegenzutreten.

Und wohin würde das führen? Vielleicht würden so gebildete junge Erwachsene erkennen, dass Manipulationen nicht belohnt und Fehler nicht kaschiert werden sollten. Vielleicht gäbe es dann auch hierzulande weniger wirtschaftliche Betrugs-Skandale wie Dieselgate und Wirecard. Vielleicht würden einige dieser ehrlichen Zeitgenossen dann auch den aus Silicon Valley stammenden gigantischen Wirtschaftsbetrug von Elisabeth Holmes heftig verhindern, die eine auf falschen Tatsachen beruhende 700 Millionen Dollar schwere Theranos-Fassade aufbaute. Wir müssen aufpassen, dass wir mit der Ergebnisfixierung in der Schule und der Belohnung von Vertuschung und Kaschierung von Fehlern nicht den Grundstein für unmoralisches Verhalten legen.

Wir bewundern Menschen aus Wirtschaft, Gesellschaft und Geschichte, die sich falschen, menschenverachtenden oder betrügerischen Systemen entgegenstellten und immer noch stellen. Wir wertschätzen den Whistleblower Edward Snowden, der die NSA-Praktiken der US-Institution aufdeckte, oder sind fasziniert von dem Mut der Theranos-Whistleblowerin Erika Cheung, die den oben genannten Betrug von Holmes öffentlich machte. Die Frage lautet also, welche Art von Mensch wollen wir bilden und vor allem, wie sollen sie sich selbst bilden?

Wir wissen aus der Forschung, dass Selbstbewusstsein, Empathie und Integrität durch die Transparenz der eigenen Befindlichkeit, die Anerkennung eigener Schwächen und die Offenlegung eigener Verletzlichkeit gefördert wird. Um uns aber verletzlich zu zeigen, benötigen wir einen Raum, in dem wir nicht nur unsere Fehler, Inkompetenzen und Unzulänglichkeiten annehmen und aussprechen dürfen, sondern in dem wir aufgrund unserer Fehler und Irrtümer nicht abgelehnt oder gedemütigt werden, wie uns das Beispiel von Benny nachfolgend verdeutlicht.

Mehr darüber kann man zum Beispiel nachlesen bei: Brené Brown – Verletzlichkeit macht stark.

Kein Ausprobieren auf der Bühne des Lebens

Auf der Bühne des Lebens ist jeden Tag Premiere. Man weiß nie, was einen erwartet. Es gibt dafür keine Proben, man muss situationsgerecht reagieren, improvisieren und ist oft nur schlecht vorbereitet auf die Ungewissheiten, die das Leben von uns fordert. So ähnlich beschreibt es die Literatur-Nobelpreisträgerin von 1996, Wisława Szymborska, in ihrem Gedicht »Life While-You-Wait«. Stimmt das wirklich?

Wie gnadenlos die probenfreie Bühne des Lebens auch in der Schule sein kann, musste der kleine Benny, Sohn einer von uns beratenen Familie, kürzlich in der vierten Klasse der Grundschule erfahren. Er hatte sich als Erster freiwillig für ein Referat gemeldet. Weil er nach einem Besuch in Ribbeck so begeistert von der Ballade »Herr von Ribbeck auf Ribbeck im Havelland« war, entschied er sich für Fontane. Immer wieder hörten die Eltern: »Ein Birnbaum in seinem Garten stand, Und kam die goldene Herbsteszeit und die Birnen leuchteten weit und breit ...«

Dass der Vortrag eines Gedichtes kein Referat ist, war auch Benny klar, deshalb machte er sich auf Spurensuche. Im Internet fand er einiges Wissenswertes über Fontane und sein Werk und verfasste stolz einen Text für sein erstes Referat. Ermutigt durch die Eltern und mit der Überzeugung, dass der Vortrag ein Supererfolg wird, machte er sich auf den Weg in die Schule. Nur eines, was wir Erwachsene längst wissen, dass gute Vorträge nicht nur vom Inhalt, sondern vor allem von einer guten Präsentation abhängen, war ihm noch nicht klar. Und ebenso wenig war ihm bewusst, dass das laute Vorlesen eines Textes vor der Klasse sich nicht einfach gestaltet und ein freier Vortrag etwas anderes ist. Schließlich war es nicht nur seine Premiere, sondern das erste Referat überhaupt, das in der Klasse gehalten wurde.

Es kam also, wie es kommen musste: Er arbeitete den Text mühsam lesend ab, was die Kinder in seiner Klasse nicht so spannend fanden. Am Ende kam der wenig freundliche Kommentar der Lehrerin: »Und wie hat euch der Vortrag gefallen?« Dies führte dann, zumindest in den Augen des kleinen Benny, in der Klasse zu mehr Kritik als Lob. Er wurde für seinen Aufwand und Mut nicht wertgeschätzt, aber für seinen Fehler abgewertet. Kein Wunder, dass dann zu Hause Tränen flossen und bis in den späten Abend in der Familie Wunden geleckt und getröstet werden musste.

Kann man hier von einer konstruktiven Fehlerkultur sprechen? Wohl kaum, denn was hat Benny aus seinem Fehler wohl gelernt? »Mut wird nicht belohnt. Erst mal sollen sich andere die Finger verbrennen.« Und: »Vielleicht bin ich auch einfach nicht gut genug in der Schule und die anderen sind besser« – was zu einer Schwächung seines Selbstwertgefühles führen kann. Vielleicht dachte er auch: »Das mache ich nicht nochmal, weil es sowieso keinen Sinn hat.«

Und was hätte er lernen können? Dass noch kein Meister vom Himmel gefallen ist, aber Übung den Meister macht und viele Lösungen durch Versuch und Irrtum gefunden werden. Für sich persönlich hätte er auch erfahren können, wie mutig und selbstbewusst er war, als Erster in der Klasse ein Referat zu halten. Mit diesem Selbstbewusstsein wäre er offen für die Erkenntnis gewesen, wie wichtig es ist, in einem Vortrag Spannung zu erzeugen und wie man sein Publikum begeistern und zum Mitdenken animieren kann. Und dass man vorher üben kann, den Text vorzulesen, oder sogar noch besser, dass man ganz ohne Text einfach frei erzählen darf, was man vorher recherchiert hat.

Wenn unsere Schulen aber so auf das Leben vorbereiten, dass es besser ist, sich zu ducken, sich keine Blöße zu geben und Irrtümer und Fehler zu vermeiden statt aus ihnen zu lernen, um so Status und Selbstwert zu erhalten, dann haben sie wohl ihren Auftrag, unsere Kinder zu selbstbewussten, selbständigen, mündigen Gestaltern ihres Lebens zu machen, verpasst.

Um Schülerinnen und Schüler gut auf ihre Zukunft vorzubereiten, muss Schule ihnen vor allem die Fähigkeit vermitteln, konstruktiv und lösungsorientiert mit Fehlern umzugehen, und die Maxime beherzigen: »Your best teacher is your last mistake«. Geht das überhaupt? – Ja, wenn sich das Klassenzimmer in einen Proberaum des Lebens verwandelt, der junge Menschen ermutigt, Fehler zu machen und Irrtümer zuzulassen, um daraus lernen zu dürfen. Ja, das geht, wenn sie für ihre Fehler und Irrtümer nicht herabgesetzt werden, sondern stattdessen sich angeregt und ermutigt fühlen, sich angst- und schamfrei zu reflektieren, um so an Fehlern zu wachsen.

Eine Anekdote über den grandiosen Erfinder Thomas Alva Edison mag das illustrieren: Über ihn wird berichtet, er habe über tausend Versuche benötigt, um eine marktfähige Glühbirne zu entwickeln. Auf die Frage eines Journalisten, wie er das dauernde Scheitern denn weggesteckt habe, antwortete Edison angeblich: »Wieso Scheitern? Ich kenne jetzt über tausend Arten, wie man keine Glühbirne baut.« Das ist sicherlich nicht die Antwort eines verzweifelten, gescheiterten Erfinders, sondern die eines Menschen, der selbstbewusst ist – einerseits Durchhaltevermögen beweist, aber auch prozessorientiert und offen für neue Erfahrungen ist.

Übrigens hat er diese Eigenschaften nicht in der Schule erworben, sondern zu Hause durch den Unterricht und die Erziehung seiner Mutter. Dazu muss man wissen, dass Edison fast taub war. Leider hat man früher zwischen Nichts-Verstehen- und Nichts-hören-Können keinen Unterschied gemacht. Die Tauben, die Hörgeschädigten, waren die »Tumben«, die »Dummen«. Man hielt sie damals einfach für unfähig, Dinge zu verstehen. Im ersten Jahr der Grundschule, als Edison noch nicht lesen konnte, brachte er eines Tages einen Brief seines Lehrers an seine Mutter mit. Die machte ihn auf, überflog ihn und las den Brief dann mit Tränen in den Augen ihrem Sohn laut vor:

»Ihr Sohn ist ein Genie. Diese Schule ist nicht groß genug für ihn und hat keine Lehrer, die gut genug sind, ihn zu unterrichten. Bitte unterrichten Sie ihn selbst!«

Was sie dann auch mit fantastischem Erfolg machte. Erst nach dem Tod seiner Mutter fand Edison diesen Brief in ihrem Nachlass. Da stand: »Liebe Frau Edison, ihr Sohn ist geistig eingeschränkt. Wir wollen ihn nicht mehr in unserer Schule haben!« Edison soll stundenlang geweint haben, als er realisierte, was seine Mutter für ihn getan hatte.

Diese Frau ist eine stille Heldin der Geschichte. Aber ist sie auch ein charakterliches Unikat oder können wir nicht alle durch eine wertschätzende Haltung dazu beitragen, junge Menschen zu ermutigen sich auszuprobieren? Dazu müssen wir uns von einem falsch verstandenen Erwartungsdruck verabschieden und durch

Respekt und Wertschätzung den Selbstwert der Lernenden stärken und erhalten. Junge Menschen sind empfindsam und verletzbar. Sie brauchen deshalb Sicherheit und Rückhalt von uns Erwachsenen. Es hilft ihnen aber auch nicht, ihnen unentwegt vorzumachen, dass alles möglich und erreichbar ist. Der Glaube an die Machbarkeit der Welt ist und bleibt eine Illusion, die durch eine schlechte Fehlervermeidungskultur noch verstärkt wird. Manchmal erscheint es deshalb einfach nur nach außen so, dass alles gut und glattläuft, während sich im Inneren eine Katastrophe anbahnt. Welche Ausmaße das mit sich bringen kann, zeigt das Beispiel von Clara.

Fremde Erwartungen als Messgröße für Erfolg?

Irrtümer und Fehler entstehen auch durch falsche Erwartungen der Betroffenen selbst oder durch den Glauben, fremde Erwartungen erfüllen zu müssen.

Bereits als Kleinkind konnte Clara, die Tochter eines beruflich erfolgreichen Ehepaares, das von uns beraten wird, virtuos Musik machen, war im Sport meist die Erste und dazu noch mehrsprachig. Sie gehört zu der Gruppe von Kindern, deren Leben aufgrund des irrwitzigen Förderwahns der Eltern immer leistungsorientierter und dadurch anstrengender und stressiger wird. Bereits in der Kita wurde Clara unentwegt gefördert. Auch in und neben der Schule wurde die nun »attestierte Hochbegabung« weiter gepusht.

Früher bekamen schwächere Schüler Nachhilfe, um nicht sitzen zu bleiben. Heute gehen Schülerinnen wie Clara in den Nachhilfeunterricht, um aus guten Noten sehr gute zu machen. Clara war in den Augen ihrer Eltern ein absoluter Glücksfall. Sie war nicht nur vielseitig begabt mit einem Superzeugnis, sondern auch bei Mitschülerinnen und Mitschülern und Lehrkräften beliebt. Dass sie in letzter Zeit stiller geworden ist und häufiger weinen muss, ist für die Eltern rätselhaft. Auch die veränderten Essgewohnheiten werfen Fragen auf. Konnte Clara früher kaum erwarten, dass das Essen auf den Tisch kam, leidet sie jetzt unter Appetitlosigkeit. Was ist bloß los mit Clara?

Dabei ist die Antwort doch klar: Die Schule wurde für Clara immer mehr zu einer Effizienzagentur, Ort des Controllings und der maximalen Ausschöpfung ihrer Ressourcen. In der verbleibenden »Freizeit« wartete auf sie die Nachhilfe, der Geigenunterricht oder das Leichtathletiktraining. Die Anstrengungen schienen lohnend. Mit ihren 15 Jahren schaffte sie die 3000-Meter-Distanz im Stadion unter zehn Minuten und gehörte als talentierte Nachwuchsathletin dem

Landeskader an, spielte an Weihnachten auf der Geige der Familie etwas vor und konnte überall, selbst im Urlaub und an Wochenenden, mit Büchern und Heften beim Lernen angetroffen und als »Wunderkind« vorgezeigt werden. Diese Form der Multifunktionalität führt nicht nur bei Clara, sondern auch bei vielen anderen Kindern und Jugendlichen häufig zu starken seelischen Belastungen. Das Präventionsradar 2021 der DAK-Gesundheitskasse kommt zu dem Ergebnis, dass jedes siebte Schulkind oft unglücklich oder niedergeschlagen ist und häufig weinen muss. Leider nehmen die emotionalen Probleme in den höheren Klassenstufen noch zu. Auch Beschwerden wie Stress, Erschöpfung und Schlafstörungen sind kein seltenes Phänomen. Natürlich hat sich die Lage der Kinder und Jugendlichen durch Corona und die damit verbundenen einschränkenden Maßnahmen verschlechtert, aber auch schon vor der Pandemie wurden ähnliche Befunde festgestellt.

Dabei heißt es in der Präambel der UN-Kinderrechtskonvention von 1989 ausdrücklich, dass »das Kind zur vollen und harmonischen Entfaltung seiner Persönlichkeit [...] umgeben von Glück, Liebe und Verständnis aufwachsen sollte« (Zustimmung von Bundestag und Bundesrat durch Gesetz vom 17. Februar 1992 – BGBl. II S. 121).

Ist die grenzenlose Leistungsorientierung, welche versucht, die Köpfe der Kinder mit Wissen abzufüllen, richtig? Sind schicke Vorzeigefähigkeiten wie Geigespielen und Chinesisch oft nur ein Labsal für das Ego der Eltern und ist jede Frühförderung wirklich gute Bildung? Sind Noten tatsächlich ein objektives, quantifizierbares Maß für den Erfolg und die Fähigkeiten der Kinder und Jugendlichen? Ist es richtig, sie darauf zu trimmen, in möglichen Vergleichsrennen mit anderen Pluspunkte zu generieren, anstatt tatsächlich etwas über sich und die Welt um sich herum zu erfahren? »Wie bilden wir unsere Kinder, damit sie ihren Platz finden in den Ökonomien des 21. Jahrhunderts, obwohl wir doch nicht einmal abschätzen können, wie es um die Wirtschaft Ende nächster Woche bestellt sein wird?«, fragte der renommierte Bildungsberater Ken Robinson (2010) in einem sehenswerten Science-Comic.

Mehr darüber kann man zum Beispiel nachlesen bei: Sir Ken Robinson u. a. – Dein Kind, die Schule und Du.

Zumal dieser Wettbewerb die Kinder nicht einmal wirklich klüger oder handlungsfähiger macht. Vielmehr schürt es unter den »Bildungsverlierern« und weniger Begabten eine apathische, aufgebende Haltung gegenüber dem eigenen Bildungsweg.

Robert J. Sternberg, der nach einer Umfrage der American Psychological Association zu den hundert besten Psychologinnen und Psychologen des 20. Jahrhunderts gehört, bringt es auf den Punkt: Auf die Frage einer Journalistin, was eine intelligente Person auszeichnet, antwortet er: »Viel mehr als gute Noten in der Schule oder an der Uni. Für mich setzt sich Intelligenz aus vier Bestandteilen zusammen: Kreativität, um neue Ideen zu entwickeln, analytische Intelligenz, um diese Ideen richtig einzuschätzen, praktische Intelligenz, um sie zu verwirklichen, und letztlich auch die Weisheit, um sicherzustellen, dass diese Ideen der Gemeinschaft dienen.«

Wir schulden den Kindern und Jugendlichen eine Bildung – inklusive einer Fehlerkultur –, die es ihnen ermöglicht, diese verschiedenen Arten der Intelligenz auszubauen. Daraus können sich Menschen entwickeln, die sich nicht auf ein vorgegebenes Hamsterrad einlassen, sondern die ihre eigenen Motivationen haben und ihren starken Interessen nachgehen, um Konzepte zu entwickeln, die ihre Umgebung und manchmal sogar die ganze Gesellschaft vorwärts bringen.

Dazu müssen die ausgetretenen Pfade, Vorstellungen und Muster anderer infrage gestellt werden, damit durch Mut und Neugier sinnvolle Veränderungen möglich werden. Dabei müssen manchmal auch Fehler in Kauf genommen werden und die Erwartungen anderer unerfüllt bleiben. Eine Vielzahl von Beispielen aus Wissenschaft und Technik bestätigen die These, dass gerade die kritische und unangepasste Haltung den Fortschritt begünstigt. Über Albert Einstein wird oft berichtet, dass er schlecht in der Schule war. Im Internet kursiert sogar das Gerücht, dass er wegen Mathe und Physik sitzen geblieben sei. Das mag für Eltern, deren Kinder mit ihren Schulnoten zu kämpfen haben, sehr tröstlich klingen, stimmt so aber nicht. Tatsächlich war Einstein kein schlechter Schüler, sondern eher ein schwieriger Schüler mit einer natürlichen Abneigung gegenüber Autoritätsgläubigkeit und willfähriger Anpassung. Das war auch der Grund, weshalb sein Geschichtslehrer ihm prophezeite: »Aus Ihnen wird nie etwas Rechtes werden!« Aber genau diese Art der Unangepasstheit machte Einstein innerlich frei und erlaubte ihm als Wissenschaftler so erfolgreich zu sein und neue, ungewöhnliche Fragen zu stellen und bahnbrechende Antworten zu finden. Um neue Wege zu gehen, müssen eben auch manchmal Dinge in Zweifel gezogen werden, die von anderen als selbstverständlich erachtet werden. Und immer braucht dies ein tragfähiges Konzept von sich, den eigenen Vorstellungen und der Vereinbarkeit der Ziele mit sich selbst, um diese Wege tatsächlich zu gehen. Genauso gehört aber auch dazu, offen dafür zu bleiben, dass der angestrebte Weg falsch sein könnte und eben nicht zum Konzept und den Vorstellungen von sich passt.

Offensichtlich haben einige Personalabteilungen größerer Unternehmen die Zeichen der Zeit richtig erkannt. Immer häufiger suchen sie nämlich gerade nach potenziellen Mitarbeiterinnen und Mitarbeitern ohne perfekten Lebenslauf und Top-Noten. Vielmehr als auf gute Zeugnisse käme es darauf an, dass die Bewerber gelernt hätten, sich Problemen zu stellen, aus Fehlern zu lernen und an den Lösungen zu wachsen, um so zu eigenständigen starken und konfliktfähigen Persönlichkeiten zu reifen, die ihre eigenen Ziele, aber auch ihre eigenen Grenzen kennen. Denn nur so könnten sie langfristig kreativ, innovativ und resilient zum Unternehmenserfolg beitragen und komplexe Aufgaben übernehmen. Genau dazu wird aber auch eine konstruktive Fehlerkultur benötigt. Lösungsorientierung statt Problemtrance und Ressourcen-Schonung statt Raubbau, auch an den eigenen Ressourcen, sind deshalb die Gebote der Stunde.

Unsere Kinder und Jugendlichen brauchen dafür eine Bildung, die es ihnen ermöglicht, ein eigenes Konzept von und für sich zu entwickeln, das sie stärkt und erlaubt, sich selbst zu entfalten und ihren eigenen Weg einzuschlagen.

Ob die überforderte Clara auf dem eingeschlagenen Weg eine starke Persönlichkeit wird und ob es überhaupt ihr Weg ist, sei dahingestellt. Wie die meisten Kinder will Clara vor allem erst einmal ihren Eltern gefallen und überschreitet deshalb die Grenzen des für sie Machbaren. Clara hat kaum eine Vorstellung von sich, kein eigenes Konzept und gefährdet durch Überforderung und die Erfüllung fremder Erwartungen ihre Gesundheit. Zum Schutz ihrer physischen und psychischen Ressourcen, im Extremfall sogar ihres Lebens, sollte sie deshalb unbedingt den fremdbestimmten perfektionistischen Weg verlassen, um herauszufinden, was für sie selbst wichtig ist. Nach einer nachdenklichen Pause kann sie sich dann hoffentlich selbstbestimmte Ziele setzen und vielleicht ganz eigene Wege gehen. Clara ist zu wünschen, dass sich so schnell wie möglich etwas ändert, damit sie ohne körperliche und seelische Schäden erwachsen werden kann.

2. Kapitel · Konstruktive Fehlerkultur

Alle drei konkreten Beispiele – die Geschichten von Amelie, Benny und Clara – handeln vom Holpern, Stolpern und vielleicht sogar vom Stürzen, ausgelöst durch den destruktiven Umgang mit Fehlern und Irrtümern, aber nicht vom selbstbestimmten Weiterkommen.

In Amelies Beispiel wurden die Klassenarbeiten von den Schülerinnen und Schülern anhand einer Musterlösung »schönkorrigiert«. Es handelte von Fehlern als Abweichung von der Norm und dem destruktiven Umgang mit dem Kompetenzaufbau. Statt dass Amelie und ihre Klasse aus ihren Fehlern konstruktiv lernen durften, wurden sie als Makel gebrandmarkt, den es zu kaschieren galt. Die destruktive Einstellung zu Fehlern wird durch eine weitverbreitete Haltung verstärkt, die suggeriert, es gäbe die Möglichkeit, ohne Fehler zu leben und zu lernen. Es käme nur darauf an, sich entweder anzustrengen, um Fehler zu vermeiden, oder so zu tun, als gäbe es keine. Im Zweifel könnte man auch die Schuld für die entstandenen Fehler den anderen in die Schuhe schieben. Diese Einstellung behindert, sich selbst Fehler einzugestehen, hemmt die Bereitschaft, Verantwortung für das eigene Handeln zu übernehmen, und schränkt den Erwerb von Kompetenzen ein.

Die negativen Auswirkungen verstärken sich noch, wenn erwachsene Fehlerfahnder Kinder und Jugendliche wegen deren Fehler beschämen, um ihnen damit ihre Unmündigkeit und die Notwendigkeit von Erziehungsmaßnahmen vor Augen zu führen. Fehler werden dann zur Stigmatisierung oder Selektion missbraucht, statt sie zur Weiterentwicklung zu nutzen.

Menschen lernen so, sich vor Kritik zu fürchten und Fehler zu vertuschen. Das Idealbild der Fehlerlosigkeit ist ein gefährlicher Trugschluss, denn es überfordert den Menschen. Menschen dürfen Fehler machen und daraus lernen. Sie sollen auch, wie der Whistleblower Edward Snowden, auf die Fehler anderer aufmerksam machen und Betrug wie beispielsweise den von Elisabeth Holmes öffentlich machen.

Natürlich gibt es auch folgenschwere Fehler, die unbedingt vermieden werden müssen. Es gibt Bereiche, in denen ein Fehlerwissen als »negatives Wissen«, wie es auf keinen Fall gemacht werden darf, aufgebaut werden muss. Diese Form von Fehlerwissen als Schutzwissen gilt vor allem für Tätigkeiten, bei denen Fehler lebensbedrohlich werden können, beispielsweise im Flugverkehr, im Krankenhaus oder in Erste-Hilfe-Situationen.

In diesen Bereichen wird aber dennoch versucht, eine Kompetenz aufzubauen. Hierzu dienen simulierte Katastrophenszenarien, um bei den Akteuren durch ein sich wiederholendes, konditionierendes Training menschliches Fehlverhalten nach Möglichkeit auszuschließen und im Ernstfall adäquat und richtig zu reagieren.

Die Schule ist aber keine Konditionierungsanstalt zur Abwendung lebensbedrohlicher Situationen, sondern ein Proberaum für gelingendes Leben, in dem junge Menschen durch gemachte und besprochene Fehler lernen, wachsen und reifen können.

Im zweiten Beispiel von Bennys Vortrag in der Klasse ging es um die fehlenden Erfahrungen, die Menschen stolpern lassen und die insbesondere bei Kindern und Jugendlichen zu Irrtümern und Fehlentscheidungen führen können. Ob aber das daraus folgende Misslingen tatsächlich zum Sturz führt und die Betroffenen danach vielleicht sogar physisch oder psychisch niedergeschlagen liegen bleiben oder aber wieder aufstehen und mit dem Erfahrungszuwachs mit erhöhtem Selbstwert in die gleiche oder eine andere Richtung weiterkommen, das wird zum Teil durch eine vorhandene oder eben durch eine nicht vorhandene konstruktive Fehlerkultur bestimmt.

Destruktiv war die Fehlerkultur hier insbesondere in Bezug auf Bennys Selbstwert als Folge der fehlenden Wertschätzungskultur. Um den Experimentiergeist zu fördern, Versuch und Irrtum zuzulassen, bedarf es aber Ermutigung und Zuspruch und nicht Bloßstellung und Demütigung. Edisons Mutter, die sich eigenständig der Ausbildung ihres Sohnes widmete, hat dieses Prinzip schon Mitte des vorletzten Jahrhunderts erfolgreich angewandt.

Das dritte Beispiel von dem »Wunderkind« Clara betraf die Fehleinschätzung und Überforderung von Kindern und Jugendlichen, ausgelöst durch eine zu starke Leistungsorientierung und Erwartungshaltung der Erziehungsverantwortlichen. Das beschreibt eine Fehlorientierung, die wegführt von den Interessen und dem Wohl des Kindes hin zu den Ansprüchen der Eltern und der Gesellschaft.

Aus Angst, fremde Erwartungen zu enttäuschen, werden nicht nur Kinder wie Clara in die Erschöpfung getrieben, sondern auch viele Erwachsene.

Konstruktive Fehlerkultur bedeutet in diesem Zusammenhang, dass junge Menschen lernen, dass manche Ansprüche von außen nicht ihrem eigenen Selbst entsprechen und in die Irre führen können. Das Beispiel von Clara macht auch deutlich, wie gefährlich das Weiterkommen ist, nur um das vermeintlich bestmögliche Ergebnis zu realisieren. Dieser eigene oder fremde Erwartungsdruck führt oft nicht nur zum Gegenteil des gewünschten Ergebnisses, sondern auch in manchen Fällen zu erbarmungslosen Niederlagen und dem endgültigen Scheitern. Dies betrifft nahezu alle Bereiche des menschlichen Lebens, Beruf oder Freizeit und gleichgültig, ob die Betroffenen jung oder alt sind.

Im Prinzip geht es doch darum, Fehler und Irrtümer als Teil des Lernprozesses zu verstehen, um vielleicht später nicht zu holpern, stolpern und schon gar nicht zu fallen. Dazu bedarf es der Reife, sich zu besinnen, um was es wirklich im eigenen Leben geht und ob sich der Einsatz von Lebenszeit und Aufwand lohnt, um in die gleiche Richtung weiterzulaufen.

Vielleicht reicht schon eine Pause, um innezuhalten und zu verschnaufen. Sie trägt dann dazu bei, sich der eigenen Ziele bewusst zu werden und durch die neu aktivierten Kräfte erfolgreich weiterzulaufen.

Vielleicht reift in der Pause auch die Erkenntnis, dass das Ziel nicht oder nicht mehr zum Konzept, das man von sich hat, passt und man einen ganz neuen und eigenen Weg gehen muss.

Manchmal wird es auch notwendig, einen steinigen Weg zu gehen. Insbesondere dann, wenn der alternative Weg zu Konflikten mit den eigenen oder fremden Erwartungen beziehungsweise gesellschaftlichen Normen führt. So wie es dem jungen Albert Einstein erging, dessen Neugier und Eigensinn bahnbrechende wissenschaftliche Erkenntnisse hervorbrachten. Ihm war es wichtiger, die Welt zu verstehen und unangepasst seine Interessen zu verfolgen, als fremde Erwartungen und Vorgaben zu erfüllen.

Die Zeit ist reif für eine konstruktive Fehlerkultur

Fehler und Irrtümer entstehen immer und überall. »Errare humanum est«, Irren ist menschlich, das wissen wir alle. Trotzdem gilt in Deutschland, im Land der Null-Fehler-Kultur, das Eingestehen von Fehlern und Irrtümern selbst als ein Fehler. Bei der konstruktiven Fehlerkultur geht es aber nicht nur darum, zu den eigenen Fehlern und Irrtümern zu stehen und diese nicht zu verdrängen, sondern vor allem sie als Lernchancen zu erkennen und zu nutzen.

Dabei darf nicht vergessen werden, dass Erfolge, ebenso wie Misserfolge, auch durch Zufälle, schicksalhafte Ereignisse oder Begegnungen und fremdes Verschulden entstehen können. Das Leben ist leider nicht so berechenbar, dass mit einem Gelingen fest gerechnet werden dürfte. Es gibt auch keine Instanz, bei der es eingeklagt werden könnte. Die finale Zähmung des Zufalls, die Machbarkeit der Welt ist eine Selbstüberschätzung der Menschen, eine unrealistische Kompetenzillusion. Die Kompetenz, die wir uns aber tatsächlich aneignen können, ist die Lebensbejahung, die Umarmung des Lebens oder besser gesagt, den adäquaten Umgang mit ihm oder – wie es der Dichter Novalis zuspitzte – »ein Talent für das Schicksal entwickeln«.

Durch den Erwerb von Ressourcen und Kompetenzen ein Talent für das Schicksal entwickeln

Der Begriff Talent weist üblicherweise auf eine überdurchschnittliche Begabung von Menschen auf einem bestimmten Gebiet hin. Ein Talent zu haben gilt deshalb als etwas ganz Besonderes, über das nur einige Zeitgenossen verfügen. Missgeschicke, Fehler, Irrtümer oder Zufälle und unberechenbare Schicksale begegnen aber allen Menschen und in allen Bereichen. Um Herr oder Frau des Geschehens zu bleiben, helfen zwar manchmal einzelne Talente, aber wirklich hilfreich ist es, rechtzeitig Ressourcen aufzubauen und sich Kompetenzen anzueignen, um für die unbekannten Herausforderungen gerüstet zu sein. Die Forderung nach konstruktiver Fehlerkultur richtet sich damit auch gegen den zentralen Irrtum unseres traditionellen Schulmodells, dass Wissen zugleich Kompetenz ist. Wir überhäufen unsere Kinder mit Fakten und Wissen, was richtig und was falsch ist, und übersehen dabei, dass das zu einer »gut informierten Orientierungslosigkeit« führen kann. Vielleicht sind sich die Kultusministerien dieses Irrtums bewusst, denn in den festgelegten Bildungsstandards von 2004 wird der Kompetenzerwerb als Leitgedanke formuliert. Leider gelingt die Umsetzung noch zu wenig.

Das Wort Kompetenz verweist auf die zielgerichtete Koordination eigener Ressourcen zur Bewältigung von Herausforderungen (lat. competere = zusammentreffen, zukommen, zustehen). Um mit Fehlern konstruktiv umzugehen, brauchen unsere Kinder und Jugendlichen deshalb neben dem Wissen auch Werte, Fähigkeiten und Erfahrungen. Um ein Talent für das Schicksal zu entwickeln, muss die Persönlichkeit reifen, damit sie Hindernisse und Fehler als Herausforderungen annehmen und sich dadurch stärken und verbessern kann. Reifung heißt aber auch, kompetent scheitern zu dürfen, wenn die Herausforderung Leib und Leben gefährdet oder mit den eigenen Werthaltungen nicht vereinbar ist. Das zu erlernen erfordert eine positiv ausgerichtete Pädagogik, die wertschätzend, lösungsorientiert und ressourcenstärkend die Persönlichkeitsentwicklung begleitet.

Das nachfolgende Schaubild, das an das dynamische Kompetenzmodell des Wirtschaftspsychologen Felix Frei angelehnt ist, zeigt, wie wichtig Erfolgs- und Misserfolgserfahrungen für den Kompetenzerwerb sind. Einmal mehr wird dadurch auch deutlich, wie wichtig das Holpern, das Stolpern und das danach folgende Weiterkommen in der Schule als Proberaum des Lebens sind. Wenn sich die Schule Nelson Mandelas Maxime »Ich verliere nie, entweder ich gewinne oder ich lerne« zu eigen macht, dann eröffnet sie damit den Raum für den konstruktiven und kompetenten Umgang mit Fehlern. Erfolg zeigt sich eben nicht nur im Gewinnen und Siegen, sondern auch im Erfahrungszuwachs in Bezug auf Fertigkeiten, Fähigkeiten und Wissen.

Bildung, auch schulische Bildung, muss demnach in erster Linie dazu beitragen, dass Kinder und Jugendliche zu mündigen Mitgliedern unserer Gesellschaft reifen, die nicht an den gestellten Herausforderungen verzweifeln, sich aber auch nicht an jeder Dummheit begeistern. Für diesen Reifeprozess bedarf es mehr als eingebläutes Faktenwissen oder das Erlernen von spezifischen Fähigkeiten und

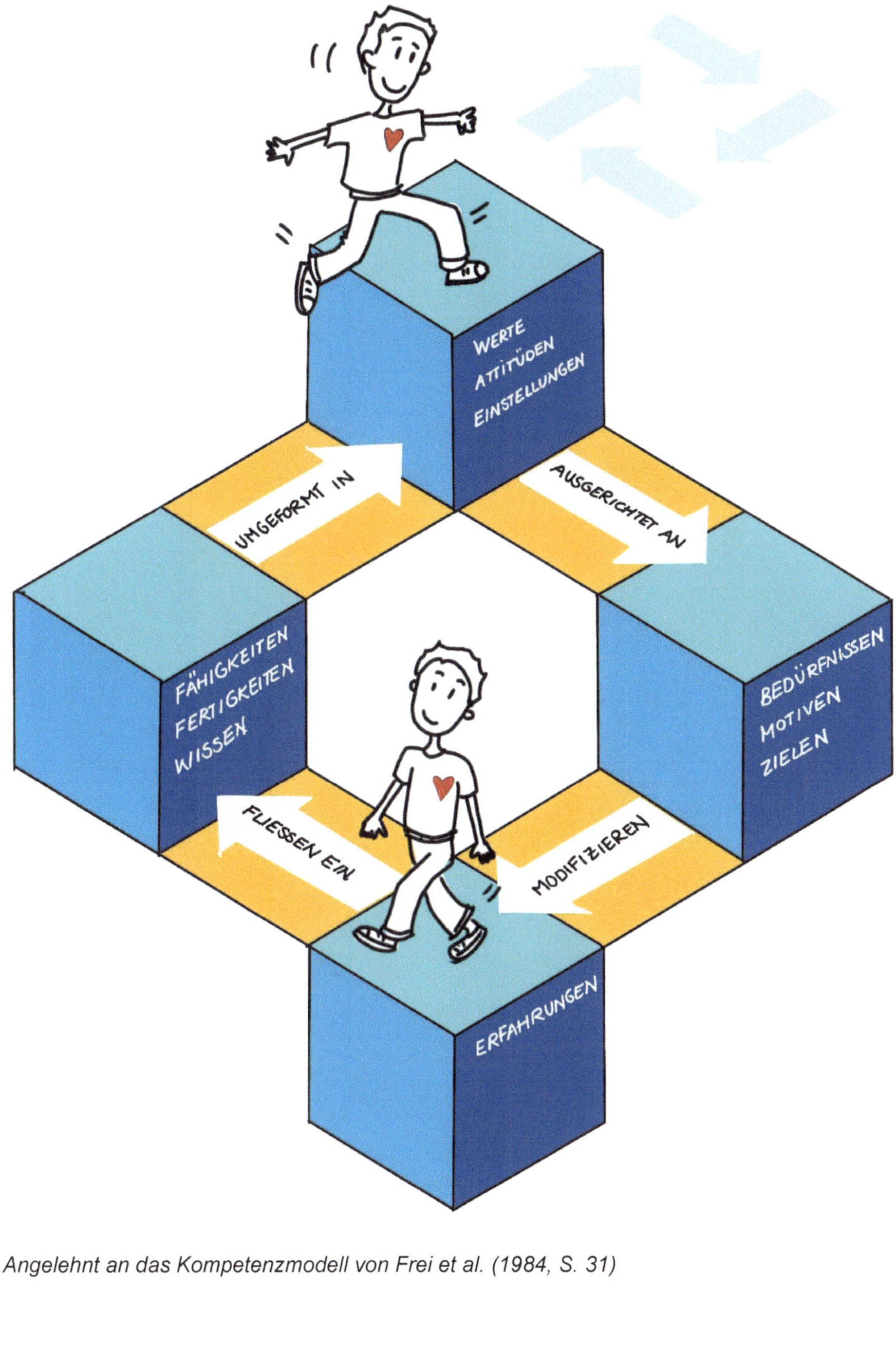

Angelehnt an das Kompetenzmodell von Frei et al. (1984, S. 31)

Fertigkeiten, um schulische oder berufliche Qualifikationen zu erreichen. Vielmehr geht es in der Bildung darum, sich selbst zu entwickeln und zu entfalten, oder wie es der Pädagoge Heinz-Joachim Heydorn beschreibt, um den »Versuch, den Menschen zum Menschen zu begaben«.

3. Kapitel · Das Gewächshaus der Persönlichkeitsentwicklung

Dieser Intention, den Menschen zum Menschen zu begaben, entspricht auch die »nachhaltige Bildung«, wie sie die Bundesregierung als Umsetzung der Agenda 21 der UNESCO versteht. Auch dort wird der Erwerb von Gestaltungskompetenz in den Vordergrund gestellt:

> »Bildung für nachhaltige Entwicklung ist ein neues, zukunftsfähiges Verständnis von Bildung, das den Erwerb von Fähigkeiten und Fertigkeiten zum partizipativen Handeln in den Mittelpunkt stellt. Das Wissen, das dabei vermittelt wird, hilft den Lernenden, aktiv und eigenverantwortlich nachhaltige Handlungsoptionen zu bestimmen« (Bundesministerium für Bildung und Forschung 2007).

Bei der Betrachtung dieser vollmundigen Erklärungen darf allerdings nicht übersehen werden, dass Bildungsprozesse zwar durch die Pädagogik angeregt werden, aber letztlich der junge Mensch selbst entscheidet, wie er sich im humboldtschen Sinne die Welt erobert und seinen Platz darin findet. Nach allem, was man heute unter Bildung versteht, ist nämlich Bildung zuallererst eine Bildung des Selbst, also eine Tätigkeit jedes einzelnen Menschen, die von außen nicht eindeutig steuerbar ist. Der Mensch wird also nicht gebildet, sondern er bildet sich selbst. Ausgehend von einer individuellen Werteorientierung und motiviert durch seine Bedürfnisse, aus denen konkrete Ziele und Herausforderungen hervorgehen, sammelt er kontinuierlich Erfahrungen, die ihm bei seiner Entwicklung und Bildung hilfreich sind.

Bildung meint damit den selbstgesteuerten Prozess, in dem ich mir selbst ein Bild mache von mir, den anderen Menschen und der Welt um mich herum. Daraus reift die Persönlichkeit und wächst das Selbst mit seinen Kompetenzen und Ressourcen.

Nach diesem Verständnis betrifft die Bildung das Wachsen, das Heranwachsen sowie das Erwachsenwerden junger Menschen.

Dabei stellen sich zwei spannende Fragen. In welcher Umgebung soll dieses Wachsen stattfinden und wie können wir den jungen Menschen dabei helfen?

Sollen sich Kinder und Jugendliche, metaphorisch gesehen, als zarte Pflanzen in einem gejäteten Beet wiederfinden? Womöglich in einer Umgebung, in der alle ungeachtet ihrer Einzigartigkeit ähnlich holländischen Tomaten oder Tulpen gezüchtet werden und in der jede Abweichung von der Norm bestraft wird? Oder sollen unsere Kinder als Sprösslinge in eine unwirkliche Wildnis eingepflanzt werden, in der bei einem Mangel an Vorerfahrung durch negative Umwelteinflüsse und schlechtes Wetter Schäden am Gewächs entstehen können? Vielleicht sogar in einer Umgebung, in der nur entweder bereits ausgereifte oder von Natur aus starke und widerstandsfähige Pflanzen überleben? Sollten vielleicht die zarten Sprösslinge durch massive, aber destruktive Düngung auf höchsten Ertrag gezüchtet werden und dadurch anfällig für alle möglichen Schädlinge werden?

Wäre es nicht wesentlich förderlicher für das körperliche und geistige Wachstum junger Menschen, wenn dies in einer schützenden und konstruktiven Umgebung stattfinden könnte? Metaphorisch könnte man diese Orte als Gewächshäuser zur Förderung der Persönlichkeit junger Menschen sehen. Es wären Schonräume, die ihnen helfen würden, ihre individuellen Bedürfnisse zu erfüllen, weil sie dazu beitragen könnten, ihre Ressourcen und Potenziale zu fördern. So könnten individuelle Gewächshäuser entstehen, die zum Ausprobieren einladen und auf die verantwortungsvolle Menschen schauen: Welche Erde, wie viel Wasser und Licht und welche Geschwindigkeit sind dem Wachstum dienlich? In einer Umgebung, in der beim Ausprobieren Fehler entstehen dürfen und diese einfach nur ein Teil des Weges und der Wachstumserfahrung sind. Fehler, die dazu da sind, angesprochen und besprochen werden zu können, um so individuell und gemeinsam aus ihnen zu lernen.

Nachfolgend gehen wir deshalb den Fragen nach, wie solche individuellen Gewächshäuser der Persönlichkeit aussehen könnten und wie wir Erwachsene als begleitende pädagogische Expertinnen und Experten dazu beitragen können, diese Gewächshäuser stabil zu errichten, sie instand zu halten und notfalls auch zu reparieren.

Der Boden des Gewächshauses: Bedürfnisse – Was brauche ich?

Gesundes Wachstum erfordert grundlegende und lebensnotwendige Voraussetzungen.

Um im Interesse der eigenen Entwicklung aus Fehlern lernen zu können und sich nicht durch diese bedroht zu fühlen, ist es wichtig, die eigenen grundlegenden Bedürfnisse zu verstehen und zu erfüllen. Werden diese nur teilweise oder gar nicht befriedigt, entsteht das Gefühl des Mangels, das den Erwerb weiterer Ressourcen und Kompetenzen erschwert. Dabei geht es einerseits um körperliche Bedürfnisse wie Essen, Trinken, Schlaf usw., deren Befriedigung absolut überlebenswichtig ist. Selbstverständlich müssen wir deshalb als verantwortliche Erwachsene jungen Menschen helfen, auf diese Bedürfnisse zu achten und sie zu versorgen. Andererseits gibt es aber neben diesen wichtigen physischen Bedürfnissen auch psychische Grundbedürfnisse, ohne die ein stabiles Gewächshaus auch nicht errichtet werden kann.

Mehr kann man zum Beispiel nachlesen bei: Deci und Ryan – Selbstbestimmungstheorie.

Natürlich haben auch diese Bedürfnisse ihre ganz individuellen Ausprägungen. Ebenso werden sie auf unterschiedlichste Art erfüllt, wie wir später noch sehen werden. Trotzdem gibt es übereinstimmend bei allen Menschen drei psychische Grundbedürfnisse, die sich neurologisch, evolutionär, psychologisch und kulturell begründen lassen und ohne die keine intrinsische Motivation stattfinden kann: *Sicherheit, Freiheit und Sinn.*

Die Sicherung der eigenen Existenz ist ein wichtiger Überlebensinstinkt, der vor allem an die äußeren Lebensumstände gekoppelt ist. Unabhängig davon, ob wir von anderen Menschen verlassen werden, unseren Arbeitsplatz verlieren oder uns plötzlich in einem Krisengebiet befinden, sind wir immer auf der Suche nach

Schutz, Halt und Orientierung, um unser Leben zu sichern. Besonders Kinder brauchen das Gefühl der Sicherheit und Geborgenheit. Manchmal reicht für sie schon ein Lehrer- oder Schulwechsel aus, um verunsichert zu werden. Durch den Aufbau von Kompetenzen sowie durch Vertrauen in sich und das soziale Umfeld versuchen wir, wieder alles in den Griff zu bekommen. Wenn das gelingt, fühlen wir uns wohl und sind handlungsfähig.

Die Bedeutung des Bedürfnisses nach Sicherheit wird oftmals erst durch dessen Verlust bewusst. Die panischen Ängste von Kindern, die im Kaufhaus verloren gehen oder deren Eltern sich plötzlich trennen, spiegeln durch ihr instinktives Verhalten die menschliche Reaktion auf die vermeintlichen oder tatsächlich existenziellen Bedrohungen wider.

Neben der Sicherheit gehört auch die Freiheit zu den elementaren Grundbedürfnissen der Menschen. Wir brauchen das Gefühl von Freiheit wie die Luft zum Atmen. Das Bedürfnis nach Freiheit wächst mit zunehmendem Alter und offenbart sich durch den Wunsch nach Selbstbestimmung und Selbstentfaltung. Aus dem Kind, das seinen Brei oder Spinat widerwillig essen muss, wird nach und nach ein Erwachsener, der seinen eigenen Weg mit eigenen Zielen und Werten gehen möchte, statt sich dem Erwartungsdruck des sozialen Umfeldes beugen zu müssen.

Das Ausprobieren und neue unabhängige Wege zu gehen, fällt allerdings meistens nicht leicht. Dafür versprechen die frei gewählten und selbstbestimmten Ziele unglaublich viele Entfaltungsmöglichkeiten, für die es sich lohnt, sich anzustrengen.

Das Bedürfnis nach Freiheit tritt deutlicher und klarer hervor, wenn die Erfüllung eigeschränkt oder verhindert wird. Wenn Freiheiten verloren gehen, offenbart sich der Mangel durch schlechte Gefühle oder auch körperliche Reaktionen. Wird beispielsweise unser Freiheitsdrang durch Beschränkungen und Vorgaben eigeschränkt, verspüren wir meistens innerlich Wut und wollen – manchmal sogar körperlich – dagegen rebellieren.

Bei der Betrachtung des Grundbedürfnisses Sinn sei angemerkt, dass es dabei nicht um den Sinn des Lebens geht, sondern um den Sinn im Leben, die sinnerfüllte Lebensgestaltung. Diese Form des Sinns wird nicht gegeben oder vordefiniert, sondern muss von jedem einzelnen Individuum gesucht werden. Menschen brauchen dafür eine intakte Beziehung zu sich selbst und zu ihrem Umfeld. Für die Sinnfindung begeben sie sich auf die Suche nach dem, was ihnen entspricht und was sie als wertvoll und wichtig erachten.

Nach Viktor Frankl entsteht der Sinn im Leben durch Realisierung von Werten auf drei Wertstraßen, den Erlebniswerten, den schöpferischen Werten und den Einstellungswerten. Die Erlebniswerte werden zum Beispiel realisiert, wenn Menschen andere Menschen lieben, wenn sie die Natur genießen oder auch wenn sie die Meisterwerke der Kunst erleben dürfen. In allen Fällen wird die Welt über Erlebniswerte zum Menschen herangetragen. Schöpferische Werte entstehen dagegen auf vielfältige Weise durch das Tätigsein des Menschen, zum Beispiel wenn er kreativ ist und für sich oder andere Werte schafft. Dabei kommt es nicht auf die Art der Tätigkeit an. Entscheidend sind das Engagement und die Hingabe, gleichgültig ob es zum Beispiel sportlich, musisch, im Beruf oder in der Erziehungsaufgabe geschieht. In dieser Werterealisierung werden persönliche Ziele mit Engagement und Hingabe verfolgt. Dazu bedarf es aber auch des Gefühls von

Selbstakzeptanz und Selbstwirksamkeit als persönlichen Ressourcen. Wie wichtig diese Ressourcen sind, haben wir an Claras Beispiel sehen können. Die Einstellungswerte, die Frankl als die dritte und wichtigste Wertekategorie bezeichnet, beschreiben die Bereitschaft eines Individuums, in wertschätzender Weise auf sich oder eine andere Person, auf sein soziales oder sachliches Umfeld zu reagieren. Wie weiter oben schon ähnlich ausgeführt, »sich als Mensch zum Menschsein zu begaben«.

Die Sinnfindung erfüllt somit eine ganze Reihe menschlicher Orientierungsaufgaben: Erstens das Leben zu verstehen und zu strukturieren. Zweitens sich zu verstehen und zu schätzen. Und drittens anderen zu vertrauen, sie zu achten und gegebenenfalls Verantwortung für sie zu übernehmen. Die Sinnsuche gehört evolutionär zur Basisorientierung von uns Menschen und ist lebenswichtig. Geht der Sinn verloren, geht damit auch die Bedeutsamkeit unseres Handelns verloren. Dadurch können wir antriebslos, traurig oder sogar hilflos werden und stellen vielleicht grundsätzlich alles infrage.

Wenn wir wachsen und uns entwickeln möchten, müssen deshalb diese drei Grundbedürfnisse nach Sicherheit, Freiheit und Sinn erfüllt werden. Man nennt diese Bedürfnisse manchmal auch Mangelbedürfnisse, weil die fehlende Befriedigung als Mangel empfunden wird, den es zu beseitigen gilt.

Sicher können nicht immer alle Bedürfnisse gleichermaßen erfüllt werden. Das Streben nach Freiheit kann zu einem Zielkonflikt mit dem angeborenen Sicherheitsbedürfnis führen. Erst durch den Sinn werden die scheinbaren Gegensätze von Sicherheit und Freiheit miteinander vereinbar. Kinder lieben ihre Freiheiten im Spiel, aber auch beim Lernen. Trotzdem sind viele bereit und finden es sinnvoll, einen Teil dieser Freiheit durch den Besuch der Schule aufzugeben. Das trifft vor allem zu, wenn sie sich dort im Kreise ihrer Mitschülerinnen und Mitschüler geborgen und wohl fühlen und wenn sie erwarten, dass die Lerninhalte nicht nur für die angestrebten Qualifikationen wichtig sind, sondern auch sonst hilfreich und nützlich sind.

Der Verzicht auf die Befriedigung bestimmter Grundbedürfnisse oder auf Teile davon betrifft aber nicht nur Kinder und Jugendliche in der Schule, sondern Menschen in jedem Alter und in allen Lebensbereichen. Es nützt der Persönlichkeitsentwicklung wenig, wenn ich für die maximale Sicherheit sinnbefreit agiere und mich dafür vollständig abhängig mache oder durch das unbändige Freiheitserleben meine Sicherheit kritisch vernachlässige usw. Auf wie viel Freiheit will ich beispielsweise verzichten, um die Geborgenheit in der Beziehung zu Freundinnen und Freunden oder später in der Lebenspartnerschaft zu erhalten? Wie lange kann ich einem für mich sinnvollen Ziel folgen, dessen Umsetzung mich verunsichert? Wann muss ich für meine Ziele, die ich frei gewählt habe, Gegebenheiten in Kauf nehmen, die ich zwar nicht sinnvoll finde, die aber auf dem Weg zur Realisierung erledigt werden müssen? Dafür gibt es kein einheitliches Maß, sondern jede und jeder muss für sich selbst herausfinden, was für sie oder ihn passt oder nicht.

Mit der Frage »Was brauche ich?« wird auf die Notwendigkeit von Abstimmungsprozessen im Kontext der Bedürfnisse nach Freiheit, Sicherheit und Sinn hingewiesen. Dabei kommt es darauf an, dass keines dieser Bedürfnisse vernachlässigt wird und es zu Ungleichgewichten kommt, alle Bedürfnisse sollten deshalb harmonisch in Einklang gebracht werden, was keine einfache Aufgabe ist. Die Harmonie stellt sich leider nicht von allein ein, sondern erfordert Anpassungsprozesse. Es bedarf deshalb einer Reihe von individuellen Feineinstellungen für das Zusammenspiel der drei Bedürfnisse Sicherheit, Freiheit und Sinn. Das Zusammenspiel gelingt nicht durch eindimensionale Polarisierung der Bedürfnisse, zum Beispiel Freiheit gegen Sicherheit oder Sinn gegen Sicherheit. Vielmehr bilden Sicherheit, Freiheit und Sinn ein gemeinsames Bedürfnis-Dreieck, auf deren Fläche die gewünschte Verteilung aller Bedürfnisse sich wiederfinden kann. Die Fläche dieses Dreiecks kann als Grundfläche, als Basis unseres metaphorisch gedachten Gewächshauses der Persönlichkeit verstanden werden, die für den sicheren Stand der gesamten Konstruktion sorgt.

Wie kann nun aber der Erbauer des Gewächshauses oder seine begleitenden Experten feststellen, ob ein Mangel entstanden ist und ob alle drei Bedürfnisse sich im harmonischen Zusammenspiel befinden? Dafür hat uns die Natur mit Gefühlen ausgestattet.

Wenn wir von Gefühlen sprechen, meinen wir die bewusste und unbewusste Wahrnehmung verschiedener Befindlichkeiten mit unterschiedlichen Ausprägungen in Form von Affekten, Emotionen oder Stimmungen. Gefühle helfen uns nicht nur, die Wichtigkeit von Freiheit, Sicherheit und Sinn noch klarer zu erfassen, sondern signalisieren auch, ob an der Basis noch alles stimmt oder ob sich eine »Bedürfnisecke« im Mangel befindet.

Gute Gefühle wie zum Beispiel Liebe, Freude oder Stolz entstehen durch das innere Belohnungssystem bei der Befriedigung von Bedürfnissen. Seit Urzeiten fordern gute Gefühle den Menschen dazu auf, Möglichkeiten zur Befriedigung von Bedürfnissen zu suchen. Was wäre aus uns ohne die kleinen und großen Glücksmomente unserer Vorfahren geworden? Wir wären als Sauertöpfe oder Angsthasen in unseren Höhlen geblieben und wären vielleicht, wie viele andere Spezies, verkümmert. Ohne die Liebe wären wir wohl längst ausgestorben. Nur das Streben nach den guten Gefühlen hat unsere Vorfahren dazu bewegt, Werkzeuge zu entwickeln oder sich mit Speeren auf die gemeinsame Jagd nach dem Säbelzahntiger zu machen und sich am Lagerfeuer über den Erfolg zu freuen.

Neurobiologisch lassen sich diese emotional erfreulichen Prozesse relativ einfach erklären. Das Gehirn ist eine komplexe Einheit, das aus 10 Milliarden Nervenzellen besteht und sich in funktionelle Untereinheiten gliedert. Damit werden äußere und innere Wahrnehmungen als Nervensignale kodiert und verarbeitet. Einige dieser Untereinheiten veranlassen uns, Handlungen auszuüben, die in uns gute Gefühle auslösen. Die bekannteste hierfür ist der Nucleus accumbens. Er befindet sich im basalen Vorderhirn und wird gemeinhin als Belohnungssystem bezeichnet. Dieser Bereich wird in bestimmten Situationen, zum Beispiel bei der Befriedigung von physischen und psychischen Bedürfnissen, mit dem Botenstoff Dopamin überschüttet, wodurch ein angenehmes Gefühl spürbar wird. Die Freisetzung von Dopamin wird durch körpereigene Opioide und Cannabinoide unterstützt.

Gute Gefühle sorgen auch dafür, dass wir trotz der Anstrengungen, die manchmal notwendig sind, begeistert und motiviert bleiben. Dank guter Gefühle investieren wir in Handlungen, die uns weiterhelfen und zu neuen guten Gefühlen und zu einer Art »Aufwärtsspirale« führen.

Mehr darüber kann man zum Beispiel nachlesen bei: Barbara Fredrickson – Broaden- and Build-Theorie.

So könnte beispielsweise das freudige Erlebnis beim Entdecken schöner Pflanzen auf einer anstrengenden Wanderung dazu beitragen, das Interesse an der Natur und an biologischen Zusammenhängen wachsen zu lassen. Anschließend möchte man sich vielleicht intensiver mit ökologischer Verantwortung auseinandersetzen. Die neuen Erkenntnisse könnten als Ressourcen positiv das eigene Ernährungsverhalten beeinflussen und so zum Wachstum der Persönlichkeit beitragen. Die gestärkte und umweltbewusstere Persönlichkeit könnte sich auf die Suche nach weiteren schönen Momenten in der Natur machen und sich vielleicht auch mit gutem Gewissen nachhaltiger verhalten. Für die konstruktive Fehlerkultur heißt das: Gelingt es, den Reiz und die Lust am Entdecken von Neuem und Unbekanntem zu wecken und zu fördern, so entstehen positive Gefühle, die in einer Aufwärtsspirale zu immer neuen Erfahrungsressourcen führen und die Lernbereitschaft steigern.

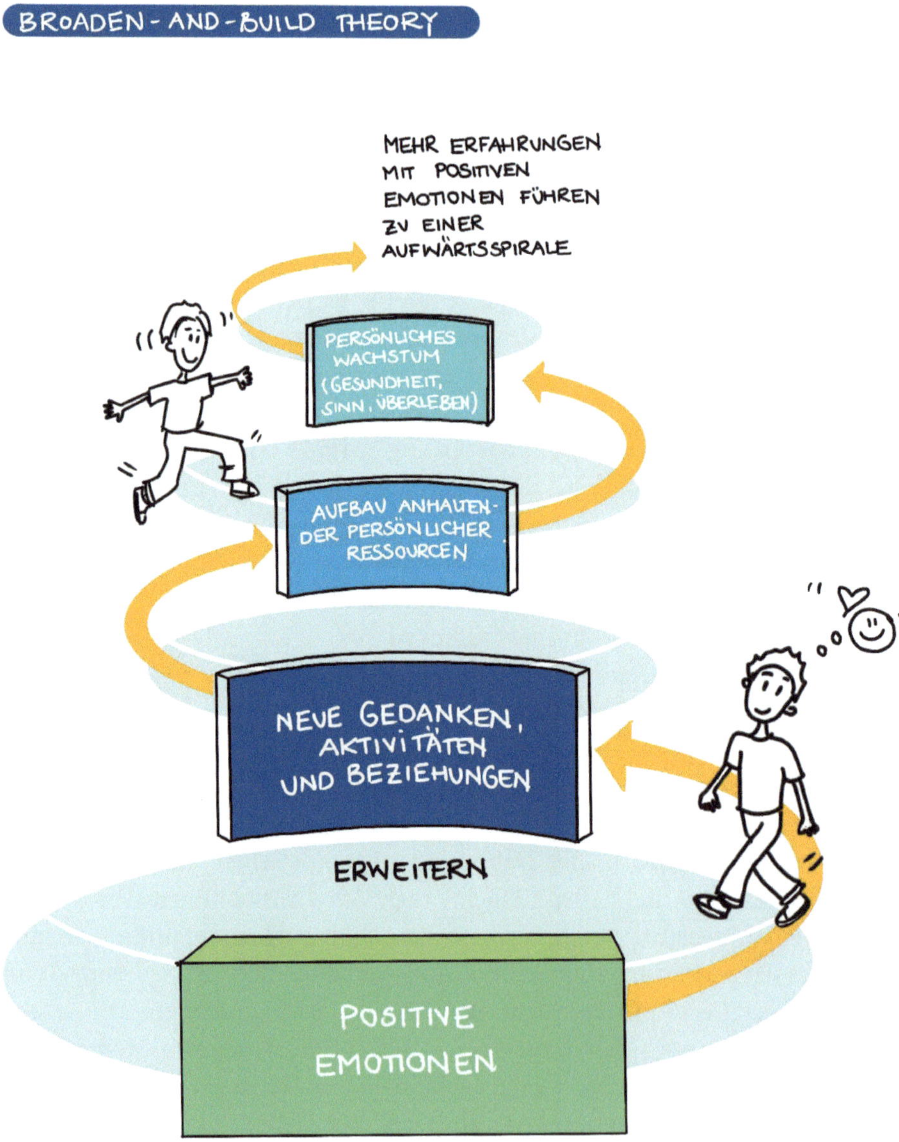

Erlebe ich also gute Gefühle, die über den Moment hinaus wirksam sind, und werde ich, angeleitet von diesen Gefühlen, motiviert, Dinge zu tun, die sich auch danach und lange gut anfühlen, ist dies ein guter Indikator dafür, dass dabei an der Basis alles zusammenpasst. Das stabilisiert das Gewächshaus der Persönlichkeit und ist für die Entwicklung förderlich.

Wenn also mit Fehlern so umgegangen wird, dass die psychischen Grundbedürfnisse geachtet werden und dadurch gute Gefühle entstehen, wirkt das konstruktiv und trägt dazu bei, sich durch Fehler weiterzuentwickeln.

Das Freiheitsgefühl lädt vielleicht dazu ein, etwas auszuprobieren. Sollten Fehler dabei auftreten, beschränkt das meine Freiheit nicht, sofern dadurch in sicherer Umgebung kein innerer oder äußerer Erfolgsdruck entsteht. Ich fühle mich deshalb auch *frei,* diese Fehler anzuerkennen und vielleicht auch mit anderen zu besprechen. Ich gehe mit Fehlern offensiv und konstruktiv um, weil ich *sicher* sein kann, dass ich wegen der eingestandenen Fehler nicht abgelehnt, ausgegrenzt oder bestraft werde. Wenn ich die Lernchance erkenne, die durch die Entdeckung des Fehlers und dem Umgang damit entsteht, offenbart sich für mich der *Sinn* der Fehlersuche. Trotz oder wegen der Fehler wurde das Grundbedürfnis nach Sicherheit nicht beeinträchtigt. Gleichzeitig wurde das Bedürfnis nach Sinn erfüllt und damit die Voraussetzung für selbstbestimmtes Wachstum und Entwicklung geschaffen.

Diese guten Gefühle bei der Entwicklung stellen sich aber nicht ein, wenn der Mensch die akute Bedrohung der Grundbedürfnisse abwenden muss. Wenn es um die existenziellen Bedürfnisse wie die Bedrohung der Sicherheit, den Verlust der Freiheit oder Infragestellung des Sinns geht, handelt er oft im Überlebensmodus des »Fight, Flight oder Freeze«. Durch diese Urinstinkte wird auch heute noch oft destruktiv um die Freiheit gekämpft, aus Angst vor bestimmten Situationen geflohen oder wegen des Gefühls der Sinnlosigkeit erst gar nicht gehandelt.

Aus gutem Grund haben sich unsere Vorfahren beim Auftreten von negativen Gefühlen eher in ihre schützenden Höhlen zurückgezogen oder sind verzweifelt kämpfend über ihre körperlichen Grenzen gegangen und gestorben. Manche von ihnen sind auch antriebslos verkümmert. Das gilt im übertragenen Sinne auch heute noch. Nicht nur bei Kindern und Jugendlichen begünstigen Trauer, Angst oder Wut den körperlichen oder den geistigen Rückzug, verhindern neue Erfahrungen und gefährden Beziehungen. Schlechte Laune, depressive Stimmungen, schlechtes Gewissen und dauerhafter Stress verhindern den Aufbau von Ressourcen und Kompetenzen. Wenn also Schicksalsschläge, Pleiten, Pech und Pannen, Niederlagen und Misserfolge dazu führen, dass die psychischen Grundbedürfnisse teilweise nicht erfüllt werden, führt dies unweigerlich zu negativen Gefühlen und macht unzufrieden. Daraus kann folgen, dass künftig Handlungen unterlassen werden oder man sich zurückzieht, nur um sich Enttäuschungen zu ersparen und die negativen Gefühle zu vermeiden. Negative Gefühle schränken die Aktivitäten ein, verhindern konstruktive Gedanken und führen zum Beziehungsabbau. Die damit verbundene Reduzierung von Inspirationen und Impulsen, verknüpft mit zunehmender Unsicherheit, führt zum Abbau von persönlichen Ressourcen und behindert das persönliche Wachstum und den Kompetenzaufbau, gefährdet die physische und psychische Gesundheit und führt vielleicht sogar in eine »destruktive Abwärtsspirale«.

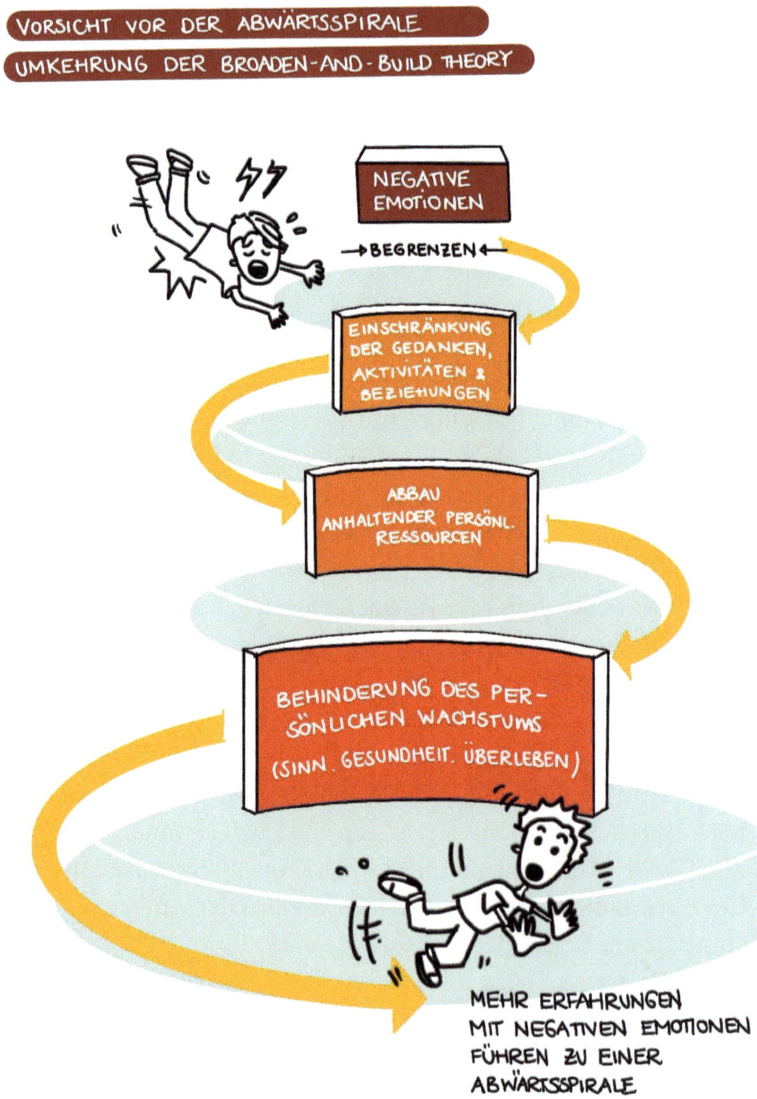

Unsere Beispiele mit Amelie, Benny und Clara machen deutlich, welche negativen Folgen eintreten können, wenn die menschlichen Grundbedürfnisse nach Sicherheit, Freiheit und Sinn teilweise oder ganz eingeschränkt werden.

Demütigungen nach Misserfolgen verletzen das Gefühl der Sicherheit und Geborgenheit. Sie schränken zugleich die Freiheit des Probierens ein und schüren Selbstzweifel.

Auch Erfolge, die nur durch Schummeln und Betrügen zustande gekommen sind, können über das nachfolgende schlechte Gewissen Unzufriedenheit erzeugen. Die Angst vor Entdeckung, Bestrafung und/oder Ausgrenzung kann lähmend wirken und den Kompetenzaufbau behindern. Weil die Erfolge nicht oder nur teilweise auf die eigenen Anstrengungen und Fähigkeiten zurückgeführt werden können, entsteht kein als sinnvoll empfundener Lernzuwachs.

Der vermeintliche oder tatsächliche Freiheitsverlust durch die direkte Abhängigkeit von den Erwartungen wichtiger Personen macht traurig, vielleicht sogar wütend. Die so fremdbestimmten verschwendeten Ressourcen erzeugen das Gefühl von Sinnlosigkeit.

Dabei hätten in allen beschriebenen Beispielen die negativen Gefühle die Betroffenen schon darauf hinweisen können, dass etwas nicht stimmt und die Basis ihres Gewächshauses so beeinträchtigt war, dass die Konstruktion, der Aufbau ihrer Persönlichkeit, gefährdet ist.

Leider wurden die negativen Gefühle nicht richtig oder gar nicht wahrgenommen. Zum besseren Verständnis sollen einige positive und negative Gefühle und ihre Bedeutung für das »Gewächshaus der Persönlichkeit« gegenübergestellt werden:

Positive Gefühle
konstruktive Auslöser
und Konsequenzen

Freiheit, insbesondere auch die Wiedererlangung, kann zu Gefühlen der Unbeschwertheit und Entdeckerlust führen. Eigene Ziele zu setzen und Verantwortung zu übernehmen ist möglich.

Die Sicherheit und Geborgenheit in der Familie, in positiven Beziehungen, auch in der Schule, können gute Gefühle der Ruhe und inneren Harmonie, der Eingebundenheit erwecken.
Auch das Gefühl, es gemeinsam zu schaffen und ein Vertrauen in die eigenen Fähigkeiten sind möglich.

Sinnerfüllung entsteht durch die Realisierung des Wichtigen und Wertvollen, kann Freude, Stolz, Begeisterung und Harmoniegefühle auslösen. Selbstwert- und Interessenbildung sind möglich.

Negative Gefühle
destruktive Auslöser
und Konsequenzen

Der Verlust von körperlicher oder geistiger oder sozialer Freiheit, der Verlust von Zielen oder das Verhindern der Erreichung eigener Zukunftsvisionen und Wünsche kann zu depressiven Stimmungen, aber auch zu Wut führen.

Der vermeintliche oder tatsächliche Verlust von Sicherheit oder der drohende Misserfolg und Fehler erzeugen negative und hinderliche Angstgefühle, Vermeidungsverhalten ist die Folge.

Das Scheitern einer Beziehung, eines Vorhabens, die Infragestellung von Grundannahmen oder der Tod eines Familienangehörigen kann zu Sinnverlust verbunden mit Traurigkeit, Resignation und depressiven Stimmungen führen.

Zum Glück muss eine destruktive Fehlerkultur nicht immer zwangsläufig zu negativen Gefühlen und zum Abbau von Ressourcen führen. Es wird von jeder und jedem Einzelnen abhängen, was sie oder er bei Misserfolgen empfindet und wie groß die äußeren Einflüsse tatsächlich auf das Empfinden und die Entwicklung der Persönlichkeit sind. Daher ist ein bewusstes »Investment« in die Gewächshaus-Konstruktion, die ein individuelles Heranreifen der Persönlichkeit ermöglicht, so wichtig. Die gereifte Persönlichkeit erlaubt es dem Menschen, sein Verhalten und seine Handlungen zu überdenken und sein Selbst zu reflektieren.

Jeder Mensch entwickelt im Verlauf seines Lebens seine ganz eigene emotionale Befindlichkeit und Empfindsamkeit, die von seinen Selbsterfahrungen, dem Bild von sich und seinem Blick auf die Welt um sich herum beeinflusst und geprägt werden. Das sich so entwickelnde Selbst reagiert ganz individuell und speziell auf wahrgenommene Bedürfnisse, Fehler und Unstimmigkeiten. Das Selbst wird zum Kontrolleur und bewertet das auftauchende Bedürfnis oder die Unstimmigkeit und wird so zum Motor der daraus folgenden Ideen und der konkreten Absichten. Ganz einfach formuliert verfügt das Selbst, je nach negativem oder positivem Befund, nach Antonio Damasio (1994) über somatische Marker, eine Art individuelle »Stop-and-go-Taste«. Diese benutzt das Selbst, um sich durch Vermeidung und Ablehnung zu schützen (stop), selbst wenn die Umstände objektiv vielleicht gar nicht so widrig erscheinen. Dagegen aktiviert die Begeisterung (go) alle verfügbaren Ressourcen, um Widerstände zu überwinden und Herausforderungen zu bewältigen. Das begeisterte aktive Selbst ist bereit, in Beziehung und Entwicklung zu investieren, Neues zu wagen, sich selbst Ziele zu setzen, sich selbst als wertvoll zu erachten und die eigenen Ressourcen zu stärken.

Bei der Erfüllung der Grundbedürfnisse nach Sicherheit, Freiheit und Sinn erwachsen aus dem Selbst wiederum neue Bedürfnisse. Für Amelie, Benny, Clara und die vielen anderen Kinder und Jugendlichen in unseren Schulen geht es ja nicht nur darum, sich dort sicher und frei zu fühlen und das Lernen sinnvoll und bedeutsam zu finden, sondern auch darum, durch die Bewältigung der gestellten Herausforderungen zu wachsen und aufzublühen. Solche Bedürfnisse dienen dem Schutz und Erhalt des Selbst, der Orientierung und Entwicklung seiner Kraft und seinen Möglichkeiten beim Bewältigen von Herausforderungen. Wir bezeichnen diese als Wachstumsbedürfnisse und werden sie als Selbstwert, Selbstkonzept und Selbstkompetenz später noch genauer betrachten und dann als Bauteile für die noch fehlenden Seitenwände unseres Gewächshauses nutzen.

Auch in unseren drei Beispielen spielte die Erfüllung bzw. Nichterfüllung der Wachstumsbedürfnisse eine bedeutsame Rolle.

Bei Amelie stellt sich im Rahmen der Klassenkorrektur die Frage, ob durch die Fehlerschummelei Haltungen und Fähigkeiten erworben werden, die ihr später im Leben wirklich zur Verfügung stehen und nützlich sind, um die anstehenden Herausforderungen mit der dazu notwendigen Selbstkompetenz zu bewältigen. Wahrscheinlich nicht, es sei denn, sie entscheidet sich für eine Welt, in der Manipulation und Betrug Erfolgskriterien sind.

Denken wir im Zusammenhang mit den Wachstumsbedürfnissen an den kleinen Benny, der nicht nur deshalb betrübt ist, weil das Referat nicht gut angekommen ist. Zusätzlich wuchsen, ausgelöst durch die destruktive Kritik und mangelnde Wertschätzung, seine Selbstzweifel und das Gefühl, wertlos zu sein, was seinen Selbstwert destabilisieren könnte.

Clara möchte vor allem in den Augen ihrer Eltern glänzen. Auch in diesem Beispiel kann das Selbst durch das einengende Korsett der Eltern nicht wachsen. Dafür bedarf es nämlich einer inneren und eigenen Orientierung, eines tragfähigen Selbstkonzeptes, um sich neu auszurichten.

Genau um die Befriedigung dieser Wachstumsbedürfnisse geht es also, wenn das Selbst als Motor Handlungsprozesse veranlasst, verstärkt und mit Ressourcen unterstützt oder eben bremst, behindert oder sogar abbricht.

Vielleicht hätte sein Selbst den vor Scham erröteten Benny veranlassen können, mitten im Referat einfach aufzuhören und wegzulaufen, nur um sich zu schützen. Was genau durch das Selbst initiiert wird, hängt nicht nur davon ab, ob durch die Handlung Mangelbedürfnisse befriedigt werden, sondern auch ob deren Erfüllung als günstig und stimmig für die Befriedigung der Wachstumsbedürfnisse empfunden wird oder nicht.

An dieser Stelle wird die herausragende Bedeutung des Wortes konstruktiv im Kontext mit Fehlerkultur für das Selbst deutlich. Konstruktiv heißt hier, dass durch den Umgang mit Fehlern auch die Wachstumsbedürfnisse des Selbst nicht beeinträchtigt, sondern begünstigt werden. In der Metaphorik des Gewächshauses geht es jetzt darum, die Basis mit den Seitenwänden stabil zu verbinden. Dafür muss das Zusammenspiel der Grundbedürfnisse mit den Wachstumsbedürfnissen in Einklang gebracht werden. Auch Grundbedürfnisse und Wachstumsbedürfnisse können durchaus widersprüchlich sein und zu Konflikten führen. Erinnern wir uns an Clara, deren Bedürfnis nach Sicherheit und Bindung zu den Eltern ihren eigenen Wert infrage stellte und die Entfaltung des Selbst behindert hat. Um diese Widersprüche aufzudecken und gegebenenfalls zu beseitigen, müssen deshalb nun auch die eigenen Grund- und Wachstumsbedürfnisse erkannt und verfolgt werden. In der

Mehr darüber kann man zum Beispiel nachlesen bei: Julius Kuhl – PSI Modell.

Psychologie wird dieser Vorgang als Selbstaktualisierung beschrieben. Gleichzeitig müssen die Bedürfnisse aber auch untereinander harmonisiert und reguliert werden, was als Selbstregulation bezeichnet wird.

Im gelingenden Zusammenspiel bei der Erfüllung von Grund- und Wachstumsbedürfnissen zeigt sich auch, dass es bei der Selbstaktualisierung um mehr geht als grenzenlose und egoistische Selbstverwirklichung. Die Entfaltung des Selbst wird begünstigt durch die Spiegelung und die wertschätzende Rückmeldung des sozialen Umfeldes. Auch die Selbstregulation ist viel mehr als die willensstarke Selbstkontrolle. Während sich die Selbstkontrolle oft nur auf das äußerlich sichtbare Verhalten bezieht, beschreibt die Selbstregulation dagegen den inneren Abstimmungsprozess. Hier ist die einzelne Person immer kognitiv und emotional als Ganzes betroffen, die wahrnimmt und fühlt, interagiert und reguliert. Manchmal geschieht das sehr absichtlich, reflektiert als Folge von Beobachtung, Nachdenken und vielleicht sogar Diskussion. Manchmal aber auch ganz automatisch, intuitiv und emotionsgesteuert. Selbstregulation kann von sehr körperlichen Komponenten wie Erröten, einem tiefen Durchatmen oder durch zusätzlichen Bewegungsdrang begleitet werden oder nur als Gedankenkomplex intellektuell verarbeitet werden.

Würden wir zwischen Selbstregulation und Selbstkontrolle nicht unterscheiden, könnten wir zum Beispiel kaum erklären, dass Kinder und Erwachsene manchmal äußerlich ganz ruhig und entspannt wirken, aber innerlich aufgewühlt sind. Im Gegensatz dazu können sie aber bei großer Aktivität und Aufgeregtheit dennoch innerlich ganz klar orientiert sein. Manchmal fühlen sich Menschen im Inneren ganz schwach und zerbrechlich, treten aber trotzdem stark und kompetent auf. Umgekehrt kann es passieren, dass sie sich eigentlich innerlich ganz stark fühlen und trotzdem ein Drama veranstalten, weil ihnen etwas eigentlich Unbedeutendes nicht passt. Es kommt immer darauf an, wie das Selbst die Situation mit den eigenen Zielen, Bedürfnissen, Vorerfahrungen und Fähigkeiten verknüpft und auswertet. Anders ausgedrückt, wie wird das jeweilige Ereignis vom Selbst erzählt und wie wird es in die eigene Geschichte integriert? »Selbst-Geschichten« entstehen aus den Rückmeldungen von außen und der Reflexion der bisherigen Lebenswerte, Ausrichtungen und Erfahrungen. Schon Babys spiegeln durch Nachahmung ihrer Bezugspersonen deren Verhalten und sind selbst gespannt auf die Rückmeldungen für ihre erfolgreichen oder misslungenen Versuche. Diese sogenannten Spiegelspiele sind Bestandteil unseres menschlichen Verhaltensrepertoires und begleiten uns auch noch als Erwachsene. Verbunden mit der kognitiven Entwicklung gelingt es, Er-

Mehr darüber nachlesen kann man bei: Wolfgang Prinz – Selbst im Spiegel.

lebnisse immer mehr auch sprachlich als Selbsterzählungen innerlich abzubilden oder extern zu diskutieren. Als fiktive Spiegelungen erlauben sie uns, Situationen, Handlungen und Willensbildungen zu entwerfen, auszuprobieren und vielleicht wieder zu verwerfen. Aus dem Betrachten und Verstehen der eigenen und fremden Erzählungen entsteht die eigene Geschichte. Als sinnstiftende Erzählung über uns (narrative Identität) soll sie uns helfen, das Geschehen im Griff zu behalten.

Wendet man dieses Verständnis von Selbstaktualisierung und Selbstregulation auf den Umgang mit Fehlern an, so wird deutlich, dass es darauf ankommt, wie das Selbst den Fehler wahrnimmt und wie der Abgleich mit den bereits bestehenden Erfahrungen ausfällt. Wie hat das Selbst eine Vorgeschichte aufgebaut, wie wird das Ereignis in diese eingebaut und wie wird sie von ihm anschließend erzählt oder – aus systemischer Sicht – wie wird die Wirklichkeit konstruiert?

Erziehungsverantwortliche und Lernbegleiter müssen deshalb verstehen, dass mit der Lernumgebung das Vokabular, die Erfahrungen und die individuellen Assoziationen für die eigene Geschichte geliefert werden.

Können die Kinder und Jugendlichen konstruktive Erfahrungen in ihrem Gewächshaus machen, so erhalten sie auch ein konstruktives Vokabular des Wachstums für ihre Selbsterzählung. Demnach trauen sie sich, auch mit den Fehlern weiterzuwachsen, weil die Geschichte, die ihr Selbst erzählt, entsprechend strukturiert und einladend ist. Machen sie dagegen destruktive Erfahrungen, die ihr »Gewächshaus« beschädigen oder zum Einsturz bringen können, entstehen schnell unangenehme Selbstgeschichten. Sind das zum Beispiel Erfahrungen, die vorwiegend mit negativen Gefühlen verbunden waren, werden diese die Geschichte verdüstern, um beim neuerlichen Auftauchen dieser Strukturen schützende Impulse wie Flucht oder Kampf auszulösen.

Wenn also Benny vorher überwiegend negative Erfahrungen mit Kritik erlebte, wird er sich wahrscheinlich lieber zurückziehen und sich erst einmal nicht mehr trauen, sich für einen Vortrag zu melden. Leider vergibt er aber dadurch auch die Chance, weiter an den Herausforderungen zu wachsen. Konnte er umgekehrt mehr positive Erfahrungen im Umgang mit Fehlern und Unstimmigkeiten machen, werden ihm die Blicke der Lehrerin und der anderen nicht so viel ausmachen und es entsteht eine hoffnungsvolle Geschichte. Benny konstruiert sich dann vielleicht eine Selbsterzählung, in der die Widrigkeit der Situation sogar als spannend und angenehm herausfordernd erlebt wird. Ob Benny von sich also denkt und in sich fühlt »Ich bin einfach zu doof« oder wütend über die anderen urteilt »Ihr seid einfach zu blöd, um mich zu verstehen« oder vermeidend denkt »Ich halt besser den Mund« oder sich durch die Situation angestachelt fühlt und es besser machen will, hängt von der inneren Erzählung und dem Vokabular ab, das ihm seine Vorerfahrungen bieten.

Kann das erzählende Selbst also auf positive und konstruktive Erfahrungen zurückgreifen, werden wahrscheinlich auch positive Signale als konstruktive Absicht weitergleitet: »Vielleicht sollte ich einfach meinen vorbereiteten Text weglegen und frei vortragen, dann würden die anderen es besser verstehen und gut finden.« Oder das Selbst wird im Nachhinein merken: »Das hat sich gerade nicht so angefühlt, wie ich mir das vorgestellt hatte. Ich glaube ich möchte das nochmal probieren. Vielleicht können mir bei einer zweiten Chance die anderen durch Hinweise helfen, aus meinem tollen Text ein noch tolleres Referat zu machen.«

Auch im ersten Beispiel, der Fehlerkorrektur durch die Schülerinnen und Schüler, entstehen Signale. Zwar erlebt Amelie keinen Stress bei der Entdeckung von Fehlern, aber vielleicht entsteht Langeweile und kein echtes Interesse an den Inhalten. Ob sie tatsächlich die Absicht entwickelt, für sich selbst einen Lern- und Kompetenzzuwachs durch weitergehendes Nachdenken oder Recherche zu veranlassen, ist fraglich. Stattdessen wird sie oder werden auch die anderen Schüler aus Amelies Klasse wahrscheinlich Fehler, wenn sie sie überhaupt erkennen wollen, eher kaschieren beziehungsweise zu unlauteren Mitteln greifen, anstatt daran zu wachsen. Auch die dabei gemachten Erfahrungen werden in der Zukunft ihre Selbsterzählungen beeinflussen. So zum Beispiel, wenn sie denken: »Ah, da kann ich mich doch auch durchmogeln.« Zusätzlich könnten sie auch verunsichert werden, ob die Papiere, die ihnen eine Kompetenz bescheinigen, wirklich verlässlich sind. Das sogenannte Imposter-Syndrom bedeutet, dass man an seinen Fähigkeiten zweifelt und sich wie ein Betrüger fühlt. Viele stellen infrage, ob sie die Anerkennung wirklich verdienen. Die aufkeimenden Selbstzweifel behindern dann die souveräne Bewältigung anstehender Herausforderungen. Es kommt aber auch hier darauf an, ob vielleicht zusätzlich neu gewonnene Erkenntnisse über sich die Selbstzweifel ausräumen. Amelie und die reiferen Schülerinnen und Schüler könnten sich bei der Korrektur der Aufgaben nämlich auch fragen: »Will ich wirklich schummeln, ist das denn sinnvoll?« Oder: »So lerne ich ja gar nichts, ich glaube ich hake da nochmal nach.«

Im dritten Beispiel wird Clara vielleicht durch körperliche Signale und negative Gefühle veranlasst, sich gegen die Überforderung und Abhängigkeit zu wehren. Gleichzeitig kommt bei ihr vielleicht auch ein Angstgefühl auf, dass sie dann den Eltern nicht mehr gefällt oder diese zumindest enttäuscht. Auch Clara wird mit einer Geschichte in ihrem Kopf konfrontiert. Wahrscheinlich wird ihr das Selbst plausibel machen: »Da muss ich jetzt durch, sonst bin ich nichts mehr wert.« Vielleicht wachsen sogar aus den Geschichten, die das Selbst konstruiert, feste Glaubens- und Antreibersätze, die dazu beitragen, alle Symptome der Überforderung zu ignorieren. Ungeachtet der körperlichen Signale wird sie dann weitermachen wollen, obwohl es ihr weh tut und sie sich in Gefahr begibt.

Die Selbstkontrolle als gezeigtes Verhalten ist deshalb kein geeigneter Indikator, um die Erfüllung der Wachstumsbedürfnisse anzuzeigen, weil sie sich vom Denken, Fühlen und Wollen der Selbstregulation unterscheiden kann. Für die Erfüllung der Wachstumsbedürfnisse bedarf es deshalb mehr als nur Kontrolle.

Erstens müssen die Grundbedürfnisse harmonisch zusammenspielen und nicht zu Konflikten führen. Zweitens bedarf es eines stabilen Selbst, einer sicheren Konstruktion des Gewächshauses der Persönlichkeit. Drittens, um das Wachstum anzuregen, darf die nötige Begeisterung als Dünger nicht fehlen. Dieser motivierende Dünger entsteht durch das positive Vokabular und die konstruktiven Geschichten, die das Selbst erzählt. Die konstruktive Fehlerkultur wird deshalb zu einer positiven Formulierungshilfe für das Selbst und wirkt stützend und aufbauend für die Persönlichkeit.

Mit den Erfahrungen aus der konstruktiven Fehlerkultur hätte Clara dann vielleicht viel früher überlegt: »Für wen mache ich das eigentlich und für was bemühe ich mich so?« Oder sie hätte sich gedacht: »Ich glaube ich schaffe das gar nicht mehr. Ich suche mir jetzt mal Unterstützung.« Im Idealfall hätte sie sich geborgen genug gefühlt, um zu denken: »Ich muss unbedingt mit meinen Eltern sprechen, weil irgendwie alles total aus dem Ruder läuft.«

Es wird deutlich, dass durch die destruktive Fehlerkultur sowohl die drei Bedürfnisse nach Freiheit, Sicherheit und Sinn als auch die Wachstumsbedürfnisse des Selbst unbefriedigt bleiben können. Genauer gesagt, bilden die Wachstumsbedürfnisse die drei weiteren Seiten des Gewächshauses. Dazu gehören: Erstens die eigene Bewertung des Selbst, der Selbstwert. Zweitens das gedankliche Konzept von sich, das Selbstkonzept. Drittens die Selbstkompetenz als eigene Handlungsfähigkeit, um Herausforderungen motiviert, aktiv und lösungsorientiert gestalten zu können, statt sie nur zu erdulden. Sie ergänzen den »Bauplan« für das Gewächshaus der Persönlichkeit und damit unser Verständnis für die Umgebung einer gelingenden Persönlichkeitsentwicklung. Als einzelne Komponenten des Selbst können sie wachsen oder verkümmern. Im Prinzip kann die Erfüllung der psychischen Wachstums- und Grund- beziehungsweise Mangelbedürfnisse auch im Sinne von Antworten auf die essenziellen Fragen im Entwicklungsprozess junger Menschen betrachtet werden: »Was brauche ich?«, »Wer bin ich?«, »Was will ich?« und »Was kann ich?«.

Nachfolgend wollen wir deshalb unser Augenmerk auf die drei Seitenflächen des Gewächshauses richten: den Selbstwert, das Selbstkonzept und die Selbstkompetenz. Nachdem wir versucht haben, die Frage »Was brauche ich?« mit der Erfüllung der Grundbedürfnisse zu beantworten, wollen wir uns nun den verbleibenden drei Fragen widmen: »Wer bin ich?«, »Was will ich?« und »Was kann ich?«. Um die Antworten auf diese Fragen zu finden, lohnt es sich, die einzelnen Faktoren des guten Gedeihens und Aufblühens näher zu betrachten.

Die erste Seitenfläche des Gewächshauses: Der Selbstwert – Wer bin ich?

Der Selbstwert bildet die erste wichtige personale Ressource. Er bewertet das eigene Selbst, basierend auf dem bereits im Leben erfahrenen und gegebenen Vertrauen und der übernommenen Verantwortung.

Um die Frage »Wer bin ich?« zu beantworten, richtet sich das Augenmerk auf die Geschichte, die das Selbst bisher erzählt hat. So gewinnt man einen Überblick über die vergangenen Erfahrungen und wie die »prominenten Erinnerungsplätze« besetzt sind.

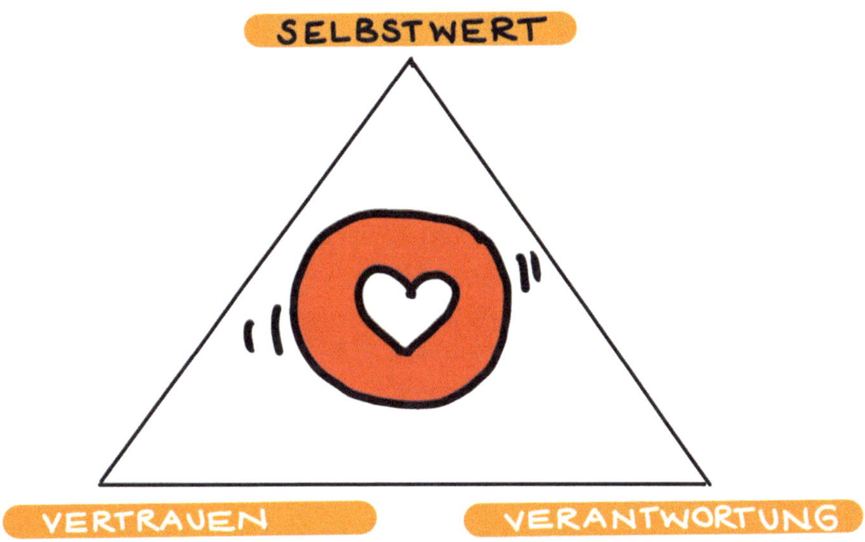

Oft wird Selbstwert mit Selbstwertgefühl, Selbstwertschätzung oder Selbstachtung gleichgesetzt. Gemeinsam ist diesen Begriffen die wertschätzende Haltung gegenüber sich selbst. Der Selbstwert wächst bei Kindern, denen das Gefühl gegeben wird, geliebt zu werden, denen vertraut, etwas zugetraut wird und die deshalb Verantwortung übernehmen wollen und dürfen. Deshalb gehören Vertrauen und Verantwortung als zwei wichtige Elemente zum Selbstwert, die ihn stützen und mit ihm eine gemeinsame Fläche bilden. Mit wachsendem Vertrauen zu den Bezugspersonen und zunehmender Verantwortung für sich und andere entsteht nach und nach der innere Glaube, liebenswert und wertvoll zu sein. Die Entwicklungspsychologie beschreibt diesen Vorgang, der im frühen Kindesalter stattfindet, als Entstehung des Urvertrauens.

Nach dem Aufbau des Urvertrauens geht es später in der Schule um die Entwicklung der Ich-Identität. Durch die Antwort auf die Frage »Wer bin ich?« weiß, fühlt und bejaht der Mensch, wirklich er selbst zu sein. Innerhalb dieser Orientierungsphase, die bis in das frühe Erwachsenenalter reicht, müssen Kinder und Jugendliche viele Entwicklungsaufgaben lösen und Krisen bewältigen.

Gerade in dieser Phase ist eine konstruktive Fehlerkultur gefragt. Die durch ungünstige Lernerfahrungen entstehende negative Selbstbewertung kann dazu führen, dass die Wahrnehmung und Interpretation neuer Situationen verzerrt werden. Unangenehme Erfahrungen wie Demütigungen oder Zurückweisungen durch andere nach Misserfolgen oder Fehlern können einer negativen eigenen Unzulänglichkeit zugeschrieben werden und zu einer dauerhaften Selbstentwertung und -verachtung führen. Wie stark und wie dauerhaft der Selbstwert darunter leidet, wird durch die Abhängigkeit oder Unabhängigkeit des Selbstwertes von äußeren Einflüssen bestimmt. Die Abhängigkeiten des Selbstwertes (Selbstwert-Kontingenzen) entstehen durch Erfahrungen mit der Umwelt, zum Beispiel Elternhaus, Schule oder anderen Bezugspersonen. So kann es für die eigene Selbstwertschätzung für einige Menschen wichtig sein, vorgegebene Erwartungen durch Leistung zu erfüllen, während andere Personen ihren Wert unabhängig von Leistungen bestimmen. Dem vom Urteil anderer abhängigen (kontingenten) Selbstwert steht also ein echter (nicht-kontingenter) Selbstwert gegenüber. Er entsteht durch Wahrnehmung und Wertschätzung der Person unabhängig von deren Leistung, dem Erreichen hoher Standards oder der Erfüllung fremdbestimmter Erwartungen.

Mehr darüber kann man zum Beispiel nachlesen bei: Viktor Frankl & Alfred Längle – Existenzanalyse.

Schulischer Leistungswettbewerb und Bewertungen, die sich vorwiegend auf die Erreichung von Abschlüssen und Qualifikationen konzentrieren, behindern nicht nur den unabhängigen, echten Selbstwert, sondern können auch die Selbstwerthöhe negativ beeinflussen. Sowohl ein durch die Fokussierung auf gute Noten übersteigertes als auch ein durch Schulversagen verringertes Selbstwertgefühl können die Psyche junger Menschen belasten. Kinder und Jugendliche gedeihen vor allem mit einem stabilen Selbstwert, also mit geringen Schwankungen des Selbstwertgefühls. Ein instabiler Selbstwert ist oft mit Gefühlen von Bedrohung, Ängstlichkeit, Unsicherheit und Verletzlichkeit verbunden. Die wissenschaftlichen Untersuchungen von Crocker (2002) belegen, dass Kinder und Jugendliche mit einem stabileren Selbstwert nicht nur neugieriger, sondern auch zielorientierter sind als jene mit einem instabilen Selbstwert. Der stabile Selbstwert verleiht ihnen nicht nur mehr Sicherheit, sondern mit ihm lässt sich auch freier und selbstbestimmter handeln.

Wie gut hätte es Bennys Selbstwert getan, wenn seine Anstrengungen und seine Identifikation mit dem Thema des Referats von seinem sozialen Umfeld wertgeschätzt worden wären. Wie viel Vertrauen zu sich, zur Lehrerin und zu den Mitschülern wäre bei Benny erhalten geblieben, wenn alle gemeinsam, losgelöst von Bennys Auftritt, nach Lösungen gesucht hätten, um es beim nächsten Mal besser zu machen, sich so weiterzuentwickeln und Kompetenzen zu erlangen.

Die zweite Seitenfläche des Gewächshauses: Das Selbstkonzept – Was will ich?

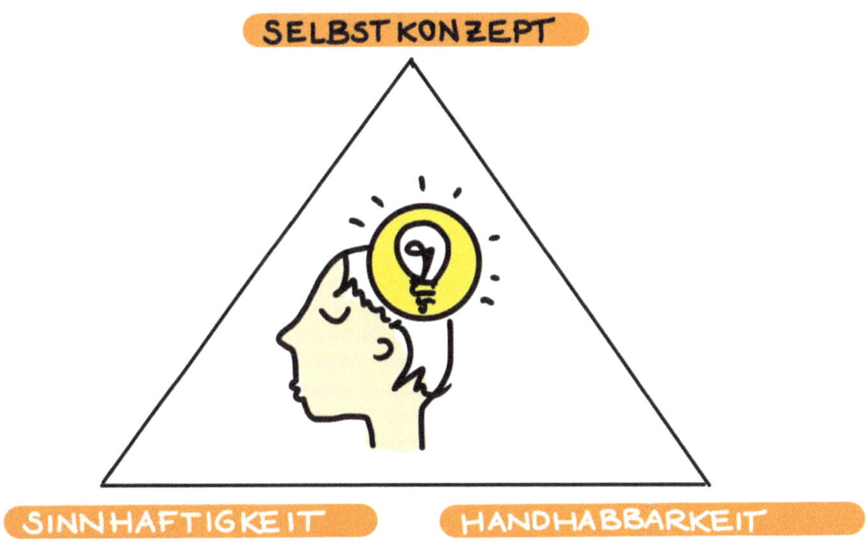

In der nächsten Seitenfläche des Gewächshauses bildet das Selbstkonzept die Spitze. Sie wird getragen und gestützt von zwei Eckpunkten: dem Gefühl, dass das eigene Handeln bedeutsam sein wird, der Sinnhaftigkeit, und dem Gefühl, die kommenden Herausforderungen bewältigen zu können, der Handhabbarkeit.

Um die Frage »Was will ich?« beantworten zu können, ist es wichtig, sich darüber klar zu werden, dass die Geschichte des Selbst eine wirkliche Selbsterzählung ist und nicht fremdgesteuert wird. Erst dann kann man sich auch fragen, ob man diese weiter so wie bisher erzählen möchte oder ob sie ganz anders weitergehen und enden soll. Anders ausgedrückt: Nur wenn ich mich selbst gut genug verstehen kann, bin ich in der Lage, darüber zu entscheiden, welche wünschenswerten Erfahrungen ich in der Zukunft machen möchte. Außerdem gilt es auch zu klären, warum ich mich so und nicht anders entscheide.

Im Selbstkonzept erkennt die Person ihr inneres Abbild. Diese Ressource entsteht durch eine innere Bestandsaufnahme durch Selbstbeobachtung und Selbstaktualisierung, aber auch durch die Interaktion mit anderen. Es besteht aus mehreren Bildern über sich selbst, denen man entgegenstreben und entsprechen möchte. Dazu gehören zum Beispiel: Vorstellungen, welche in Bezug auf kognitive Fähigkeiten entstanden sind, aber auch das soziale, emotionale und physische Selbstkonzept.

Mehr darüber kann man zum Beispiel nachlesen bei: Aaron Antonovsky – Salutogenese.

Eine reife und gefestigte Persönlichkeit verfügt über ein tragfähiges Selbstkonzept. Erst wenn sie gelernt hat, sich selbst zu verstehen, kann sie auch das, was um sie herum passiert, richtig einordnen. Erst wenn sie sich und ihr Tun ernst nimmt und sich etwas zutraut, können auch andere ihre Ressourcen und guten Eigenschaften erkennen. Die gedachte Seitenfläche des Selbstkonzeptes beinhaltet deshalb auch das Bedürfnis und zugleich die Ressource der Sinnhaftigkeit und eigenen Bedeutsamkeit. Zusätzlich gehört zum Konzept von sich selbst auch die Annahme einer Handhabbarkeit als Vertrauen, mit den eigenen Fähigkeiten die noch unbekannten Herausforderungen auf dem Lebensweg bewältigen und handhaben zu können. Mit dem Gefühl der Handhabbarkeit wird zugleich auch das Sicherheitsbedürfnis befriedigt. Das Selbstkonzept ist deshalb ein mächtiges Werkzeug zur Orientierung bei der Bewältigung des Lebens und der Gesunderhaltung. Überzeugungen und Einstellungen von uns selbst, die sich im Laufe unseres Lebens entwickeln, werden zu impliziten Wegweisern für unsere Gedanken und Emotionen. Über unsere innere Geschichte beeinflussen sie aktiv unsere Handlungen und tragen damit auch maßgeblich zum konstruktiven Umgang mit Erfolgen und Misserfolgen bei.

Clara fehlt, verursacht durch den latenten Leistungsdruck, ein stabiles Selbstkonzept, das ihr helfen könnte, die Unstimmigkeit besser zu erfassen und eine wünschenswerte Änderung einzuleiten. Durch einen Soll-Ist-Vergleich könnte sie das angestrebte Wichtige und Wertvolle ihrem tatsächlichen Leben gegenüberstellen. Wenn es ihr dadurch gelänge, herauszufinden, wie wenig sinnvoll ihre Anstrengungen sind, dass sie die Herausforderung eigentlich nicht mehr im Griff hat, nicht mehr handhaben kann, könnte sie ihrem Leben vielleicht eine andere Richtung geben.

Durch dieses Beispiel wird vielleicht auch noch einmal etwas anderes verdeutlicht: Ohne vorher zu wissen, »wer ich bin«, ohne den Selbstwert, ist es sehr schwer, trennscharf, verlässlich und nachhaltig festzustellen, »was ich will«.

Auch ohne die eigene bisherige Geschichte zu erfassen und die Erfahrungen als Ressourcen aus der Vergangenheit zu akzeptieren, wird es für das Selbst schwierig, die Geschichte der Zukunft stimmig weiterzuerzählen. Diese Erkenntnisse werden umso bedeutsamer, wenn zum Schutz der eigenen Gesundheit dringend Veränderungen erkannt und umgesetzt werden müssen.

Die dritte Seitenfläche des Gewächshauses: Die Selbstkompetenz – Was kann ich?

Die Selbstkompetenz beschreibt den gelingenden Umgang mit sich selbst. Sie bildet die dritte Seite des Gewächshauses zusammen mit der Sach- und Methodenkompetenz, d. h. dem Umgang mit den Herausforderungen, Themen und Dingen, sowie der Sozialkompetenz, dem adäquaten Umgang mit dem sozialen Umfeld.

Um die Frage »Was kann ich?« zu beantworten, braucht es mehr als nur zu wissen, was man in der Vergangenheit gelernt hat. Es geht auch darum, jetzt, in der Gegenwart, die eigenen Erkenntnisse, Ressourcen und Fähigkeiten entsprechend ein- und umzusetzen.

Dafür muss die Geschichte, die das Selbst – auf die Gegenwart bezogen – erzählt, aktiv gestaltet und gut strukturiert werden. Im spannenden Moment der Bewältigung der tatsächlichen Herausforderung kommt es nämlich auch darauf an, sich selbst zu überzeugen und zu ermutigen, die Herausforderung reflektiert anzunehmen oder abzulehnen.

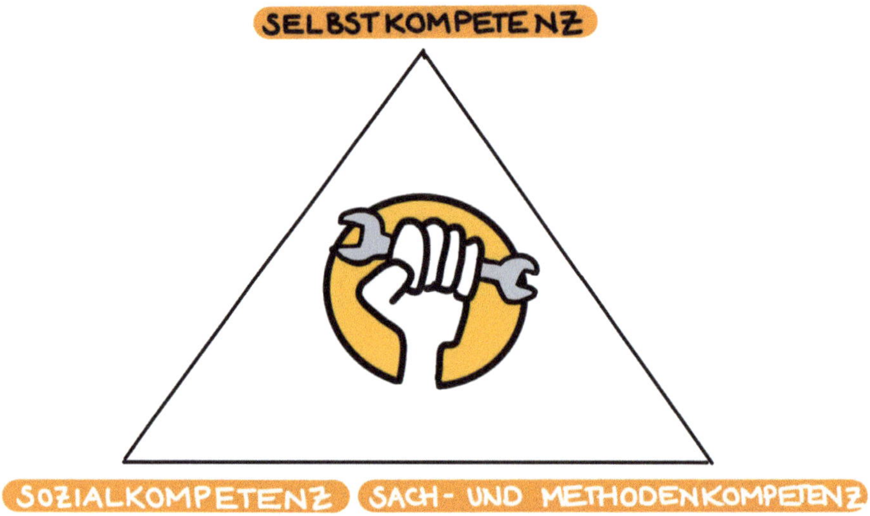

Die Selbstkompetenz als Organisator der beiden anderen Kompetenzbereiche Sach- und Methodenkompetenz und Sozialkompetenz befindet sich auf der dritten Seite des Gewächshauses. Sie kombiniert und koordiniert vorhandene Werte, Fähigkeiten und Erfahrungen mit den persönlichen Ressourcen, um komplexe Herausforderungen zu meistern. Die Zusammenführung geschieht im Handeln als dynamischer und konstruktiver Prozess, bei dem sich ein Mensch alles notwendige Kognitive, Emotionale, Soziale usw. aneignet und nutzt, um seine physischen und psychischen Bedürfnisse zu befriedigen. Das gelingt ihm in Standardsituationen durch einfache Routinen aufgrund seines Wissens, seiner Fertigkeiten und Fähigkeiten. Für komplexere und nicht vorhersehbare Herausforderungen benötigt er Kompetenzen, um sein Wissen, seine Fertigkeiten und Fähigkeiten zu bündeln, um sie so effizient und lösungsorientiert einzusetzen. Der Erwerb der dafür notwendigen Kompetenzen erfolgt nach Heinrich Roth durch Annahme, Kontrolle und Bewältigung von Herausforderungen, die in entwicklungsbedingten Stufen erfolgen. Ausgehend vom Erlernen einfacher Bewegungen – Holpern und Stolpern eingeschlossen – erwirbt der Mensch nach und nach sacheinsichtiges Verhalten und Handeln (Sachkompetenz und intellektuelle Mündigkeit). In der Gemeinschaft mit anderen wächst sein sozialeinsichtiges Verhalten und Handeln (Sozialkompetenz und soziale Mündigkeit) und als letzte Stufe entsteht werteinsichtiges Verhalten und Han-

Mehr darüber kann man zum Beispiel nachlesen bei: Heinrich Roth – Grundlagen einer Entwicklungspädagogik.

deln (Selbstkompetenz und moralische Mündigkeit). Folgt man den Ausführungen von Roth, so wird deutlich, dass der Kompetenzerwerb sich auf die drei oben genannten Bereiche bezieht: Sach- und Methodenkompetenz, Sozialkompetenz und Selbstkompetenz, die gemeinsam die dritte Seite des Gewächshauses darstellen.

Ohne die Bedeutung der schulischen Vermittlung von Sach- und Methodenkompetenz oder Sozialkompetenz schmälern zu wollen, wird aber auch klar, dass ohne die Selbstkompetenz (einschließlich der emotionalen Kompetenz) als übergeordnete Metakompetenz ein werteorientiertes Verhalten und Handeln nicht gelingt. Erst durch die Selbstkompetenz können Fähigkeiten, Wissen und Emotionen in der Handlung verknüpft werden, um die angestrebten Bedürfnisse zu erfüllen. In ihrem Denken, Verhalten und Handeln zeigt sich, was der Person wichtig und wertvoll ist und was nicht, was sie anstrebt, hinnimmt oder unterlässt. Allein nur Wissen oder Erkenntnis löst noch kein Problem und nur zu wissen, was das Problem ist, erzeugt noch kein Kompetenzgefühl. Erst in der Umsetzung des Gelernten und dem Anwenden, dem bewussten Tun und dem Gestalten einer Lösung kommt das Gefühl, die Herausforderungen meistern zu können und kompetent zu sein. Das heißt aber noch lange nicht, dass ich jede Herausforderung annehmen muss. Um zu prüfen, ob ich sie tatsächlich bewältigen will, muss ich wissen, »wer ich bin« und »was ich will«, »woher ich komme« und »worum es mir geht« und »wozu ich handle«. Andernfalls kann ich mit den Herausforderungen meiner Gegenwart vielleicht gut umgehen und die Situationen bewältigen, aber ich erzähle dabei gar nicht meine eigene Geschichte weiter, sondern befinde mich in einem »fremden Film« mit Bildern von mir, die meinem Selbstkonzept nicht entsprechen.

Das macht auch deutlich, dass nur zu wissen, was ich gerade tun kann, nicht immer der Persönlichkeitsentwicklung dient. Wenn ich nicht weiß, »wer ich bin« und »was ich will«, kann ich zwar mit einer gefühlten Kompetenz handeln und Herausforderungen bewältigen, mich aber dabei selbst verraten oder meine Ziele und Vorstellungen gefährden.

Daraus folgt für Amelies Beispiel, dass sich die Schülerinnen und Schüler, die »kompetent« in der Korrektursituation ihre Fehler verschwinden ließen und die durch gute Laune und gute Noten auf dem Papier belohnt wurden, sich zunächst vielleicht gar nicht schlecht fühlten. Erst im Kontext der eigenen Identität (»Bin ich ein Schummler?«) und der eigenen Vorstellungen von sich selbst in der Gegenwart und Zukunft (»Ich will doch hier was lernen«, »Ich möchte ein aufrechter Mensch sein«) kann das Gefühl entstehen, dem eigenen Selbst durch Schummeln und Kaschieren zu schaden. Vielleicht erwächst bei Amelie die Erkenntnis, sich trotz des kurzfristigen Erfolges auf Dauer nicht wohlzufühlen und auch nicht wirklich selbstkompetent zu sein. Das Schummeln und die gute Note in der Schule ergibt für Amelie keinen Sinn. Schummeln ist nicht sinnhaft, weil es weder der Sach- noch der Methodenkompetenz dient.

An Amelies Beispiel wird deutlich, dass alle Ecken und Seiten des Gewächshauses sich immer aufeinander beziehen. Sie sollten deshalb von den verantwortlichen Gewächshausbesitzern und den begleitenden Expertinnen und Experten nicht als getrennte Bauteile, sondern als Elemente einer ganzheitlichen personalen Konstruktion gesehen werden, die einander brauchen und sich gegenseitig stützen.

Mehr darüber kann man zum Beispiel nachlesen bei: Ernst Fritz-Schubert – Lernziel Wohlbefinden.

Der gesamte Bauplan für ein solches Gewächshaus der Persönlichkeit könnte aussehen wie auf Seite 55 abgebildet. ▸

Fazit: Das Gewächshaus und die konstruktive Fehlerkultur

Schulische Bildung und elterliche Erziehung sollten sich um den stabilen Aufbau des Gewächshauses der Persönlichkeit von jungen Menschen kümmern und ihn mit aufrichtigem Interesse begleiten. Außerdem könnten sie auch die Verantwortung für die gute Atmosphäre rund um das Gewächshaus übernehmen. Letztlich dürften sie den jungen Besitzerinnen und Besitzern der Gewächshäuser als Experten und Begleiter bei der Entscheidung helfen, wo die Pflanzen ihren Platz im Gewächshaus finden und wie sie gepflegt werden. In dieser Metaphorik käme der konstruktiven Fehlerkultur die Aufgabe zu, die Konstruktion des Gewächshauses zu stabilisieren, es vor Zerstörung zu schützen und zu helfen, die daran bereits eingetretenen Schäden zu reparieren.

Das heißt, Eltern, Freunde, verantwortliche Pädagogen und Erzieher können ihren Teil dazu beitragen, dass die Grund- und Wachstumsbedürfnisse der Kinder und Jugendlichen erfüllt werden. Dafür müssen wir deren Gefühle bewusst als Indikatoren für die Erfüllung oder Nichterfüllung ihrer Bedürfnisse wahrnehmen und darauf reagieren. Nur so kann die Standsicherheit des Gewächshauses, die seelische Gesundheit der jungen Menschen, geschützt werden und ihre Persönlichkeit wachsen.

BAUPLAN

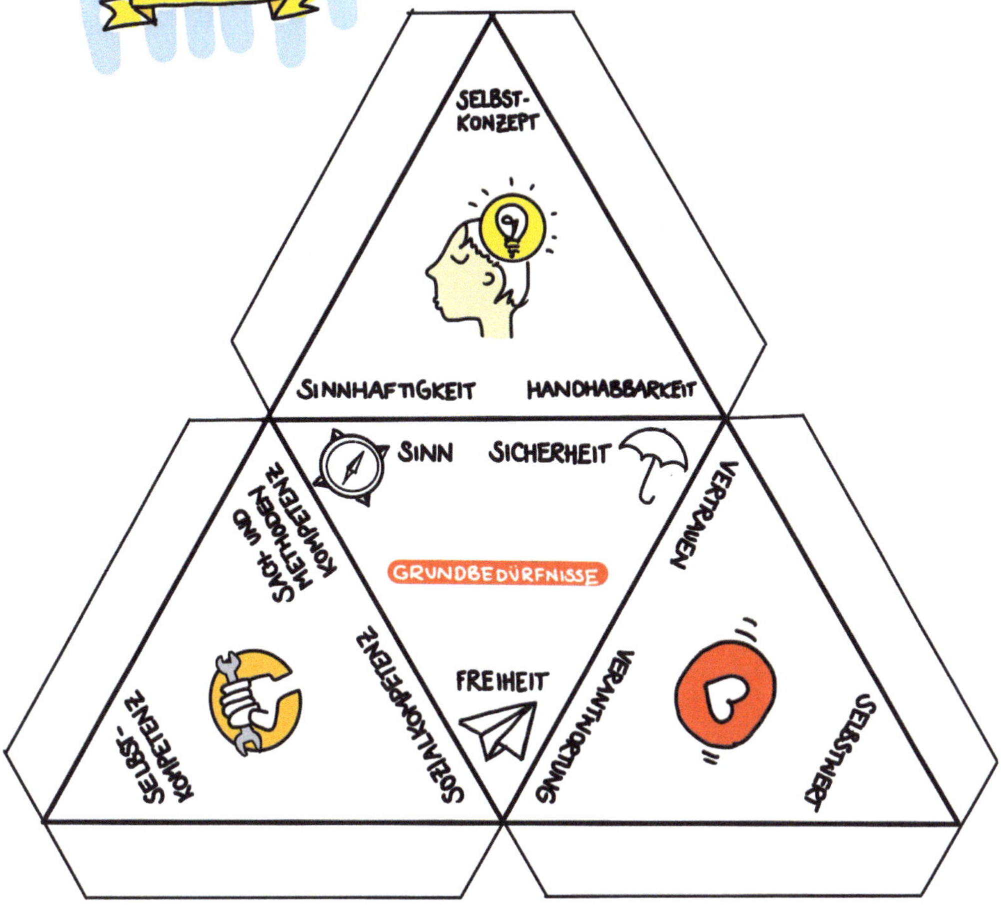
SELBST-
KONZEPT
SINNHAFTIGKEIT
HANDHABBARKEIT
SINN
SICHERHEIT
GRUNDBEDÜRFNISSE
FREIHEIT
SACH- UND
METHODEN
KOMPETENZ
SOZIALKOMPETENZ
SELBST-
KOMPETENZ
VERTRAUEN
VERANTWORTUNG
SELBSTWERT

Die schlechte Atmosphäre einer destruktiven Fehlerkultur führt wie bei Amelie, Benny und Clara oder auch bei anderen jungen Menschen zwangsläufig nicht nur zu unbefriedigten Bedürfnissen, sondern verhindert auch die guten Gefühle, den Dünger, der für das Wachstum und die Entwicklung der Persönlichkeit notwendig ist.

Wie bereits dargestellt wurde, können negative Gefühle den Rückzug auslösen. Dadurch verhindern sie den Ressourcenerwerb und die Selbstentfaltung. Ein Sprössling, der in einer konstruktiven Umgebung gediehen und aufgeblüht wäre, wird dann vielleicht dennoch verkümmern.

Eine Fehlerkultur, die wie in Amelies Beispiel durch falsch verstandene Freiheit vermeintlich gute Ergebnisse erzeugt und kurzfristig sogar zu guter Laune führen kann, hinterlässt oft einen langfristigen faden Beigeschmack. Sie verhindert nämlich den Stolz auf die erbrachte Leistung und die Freude über den Kompetenzzuwachs. Stattdessen kann sie auf Dauer zu Verunsicherung führen, weil vielleicht ein Misstrauen gegenüber der eigenen Leistungsfähigkeit entstanden ist.

Eine schlechte Atmosphäre verbunden mit negativen Gefühlen entsteht auch durch eine Fehlerkultur, die eine frei getroffene und mutige Entscheidung durch destruktive Kritik bestraft. Sie zerstört die vorher möglicherweise vorhandenen Gefühle von Sicherheit und Eingebundenheit. Zudem vermindert sie auch die Bereitschaft, sich anzustrengen.

Eine Fehlerkultur, die eine Überprüfung der eigenen Ziele vermeidet und den Aufbau des Selbstkonzepts behindert, macht, wie wir im Beispiel von Clara sehen konnten, nicht nur schlechte Gefühle, sondern auch krank. Die Abhängigkeit von den Eltern und deren Erwartungsdruck verhindert nicht nur die notwenige Änderung des irrtümlich eingeschlagenen Weges, sondern konterkariert das menschliche Streben nach Freiheit und Selbstbestimmung. Am Ende entsteht vielleicht sogar das Gefühl von Sinnentleerung verbunden mit depressiven Stimmungen und mehr.

Die drei Beispiele machen deutlich, dass die destruktive Fehlerkultur nicht nur den Boden des Gewächshauses kontaminiert, sondern auch das Aus- und Einrichten der Seitenflächen des Gewächshauses, den Selbstwert, das Selbstkonzept und die Selbstkompetenz be- oder verhindern kann.

Ohne diese drei Seitenflächen entsteht auch nicht der Raum, den junge Menschen brauchen, um sich selbst erfahren zu können. Ein Raum, in dem ihnen das Selbst ihre eigene Geschichte konstruiert, der sie mutig, selbstbewusst und kompetent werden lässt, um die Herausforderung des Lebens bewältigen zu können.

Diese drei Komponenten des Selbst haben nämlich nicht nur das Bedürfnis zu wachsen, sondern sind zugleich auch Ressourcen, die Willen, Werte, Wissen und Fähigkeiten vereinen und als Vokabeln der Selbsterzählung hilfreich bei der Lebensgestaltung sind.

Mehr darüber kann man zum Beispiel nachlesen bei: Carol Ryff – Happiness is everything, or is it?

Die wissenschaftlichen Untersuchungen von Ryff (1989) zum Wohlbefinden belegen die hohe Bedeutung der Befriedigung der drei genannten Grund- und der drei Wachstumsbedürfnisse für das gute Gedeihen und Aufblühen von Menschen.

Eine Fehlerkultur, die ihr Augenmerk darauf legt, auch die Wünsche und Sehnsüchte junger Menschen nach freiheitlicher Selbstbestimmung, nach angstfreiem sicherem Umfeld und sinnerfülltem Leben als personale Bedürfnisse zu erkennen, und diese in wertschätzenden Unterrichtsprinzipien gemeinsam erprobt und umsetzt, wird damit nicht nur das Wohlbefinden junger Menschen, sondern auch deren persönliche Ressourcen und deren Lernbereitschaft steigern. Sie wird den jungen Menschen helfen, ihre stimmige und wertvolle Selbst-Geschichte zu verstehen und anzunehmen, um so das Gegenstück zur Empathie, ein impathisches Gefühl für sich selbst, ein Selbstmitgefühl, zu erlangen (Neubrand, 2021). Dieses Verständnis zu sich selbst ermöglicht ihnen auch, die Selbsterzählungen von anderen zu verstehen, anzunehmen und empathisch auf andere zuzugehen.

Das beschriebene Gewächshaus der Persönlichkeit ermöglicht den gesunden Raum für eine konstruktive Fehlerkultur, in dem Fehler Angebote für das gemeinsame Wachsen sind und die notwendigen Prozesse für Entwicklung und Selbstentfaltung angestoßen werden können.

Wer gelernt hat, dass nur das Ergebnis entscheidet und nicht der Prozess, der zum Ergebnis führt, hat verinnerlicht, dass der Zweck die Mittel heiligt und verhält sich zukünftig dementsprechend. Wenn es in der Schule vorwiegend nur um gute Noten geht, dann ist Schummeln ja möglicherweise auch ein probates Mittel für den Erfolg. Dieser »Erfolg« bringt die Schülerinnen aber nicht zum Wachsen, trägt nicht zum Kompetenzerwerb bei und ist daher auch nicht nachhaltig.

Wer sich aber in seinem Tun und Unterlassen ausprobieren darf, auch möglichen Fehlern Raum gibt, damit arbeitet und versucht die angestoßenen Projekte und Prozesse zu gestalten, erwirbt nachhaltige Kompetenzen und entwickelt sich und andere weiter und fühlt sich dabei wertvoll.

In der konstruktiven Fehlerkultur gilt es, die positiven Entwicklungs- und Erfahrungs-Schätze zu bergen, die auch in den Irrtümern und Fehlversuchen liegen können.

Dagegen führt das Fixieren auf Probleme und Defizite zu einer Problemtrance (Schmidt, 2005). Die damit einhergehende, wiederholte vermeintliche oder tatsächliche Demütigung und die negativen Urteile über die körperliche und/oder kognitive Leistungsfähigkeit schmälern den Selbstwert und das Vertrauen zum sozialen Umfeld. Es erschüttert auch das Vertrauen zu sich selbst, Herausforderungen meistern und handhaben zu können.

Gehen auf von außen festgelegten und geglätteten Wegen verhindert den Kompetenzerwerb, der durch Holpern und Stolpern entsteht: zu lernen, auf unsicherem Terrain weiterkommen zu können. Es hilft nicht immer weiter, nur die Versionen und Geschichten anderer abzuarbeiten und Vorgegebenes zu reproduzieren. Vielmehr können dadurch Abhängigkeiten von Erwartungen entstehen, die die Bedeutsamkeit und Sinnhaftigkeit schmälern und das Bild von sich selbst erschüttern und den Aufbau eines realistischen tragfähigen Selbstkonzeptes verhindern.

In dieser Gegenüberstellung der Folgen destruktiver und konstruktiver Fehlerkultur finden sich auch die notwendigen Grundhaltungen für die Erbauer und die helfenden Expertinnen und Experten beim Aufbau des Gewächshauses. Später, in Kapitel 5, werden wir nochmals darauf zurückkommen, wie eine konstruktive Weiterbildung für Gewächshausexpertinnen, Eltern, Menschen mit pädagogischer Verantwortung und Führungskräfte gestaltet werden kann und sie noch einmal konkret auflisten.

Zunächst wollen wir aber erläutern, wie ein Paradigmen-Wechsel hin zur konstruktiven Fehlerkultur Amelie, Benny und Clara helfen könnte, trotz oder wegen ihrer erlebten Pleiten, Pech und Pannen psychisch gesund zu bleiben und in ihrer Persönlichkeit zu wachsen.

4. Kapitel · Wie die konstruktive Fehlerkultur der Entwicklung von jungen Menschen hilft

Amelie und ihre Erlebnisse mit der »lösungsorientierten Fehlerkultur«

Kehren wir zurück zum ersten Beispiel der sogenannten »lösungsorientierten Fehlerkultur« im Rahmen der Korrektur von Klassenarbeiten und betrachten die Kompetenzen, die Amelie möglicherweise gewonnen beziehungsweise verloren hat. Metaphorisch gesehen, stellt sich an Amelies Gewächshaus folgende Situation dar. Offensichtlich hatte jemand an die Kompetenzseite von Amelies Gewächshaus ein Schild mit folgender Aufschrift angebracht: »Kompetenz heißt: Der Zweck heiligt jedes Mittel, das zum Erfolg führt. Dabei dürfen auch Fehler verleugnet, vertuscht oder notfalls anderen in die Schuhe geschoben werden.« An den Ecken, wo sich dieses Dreieck aber auf Sinn und Sinnhaftigkeit, Freiheit und Verantwortung stützen soll, wurde es dadurch sehr brüchig und einsturzgefährdet.

Lösungsorientierte Fehlerkultur bedeutet nämlich nicht, das Ergebnis zu schönen, sondern durch die gemachten Fehler Prozesse anzustoßen, um aus diesen für zukünftige Aufgaben zu lernen. Fehler bieten die Möglichkeit, Kompetenz zu erwerben und gezielt Lösungswege zu entwickeln, die direkt auf den festgestellten Mangel und die Art des Fehlers angewendet werden können und wegweisend für die Zukunft sind. Wenn aber Fehler nur oberflächlich durch Vergleich, Beschönigung und Bewertung verarbeitet werden, tragen sie nicht zu nachhaltigen Erkenntnissen bei. Das tiefe Begreifen der Ursache des Problems und der darin verborgene Entwicklungsschatz bleiben den Betroffen verborgen, weil sie lediglich die Unterschiede zwischen der eigenen Vorgehensweise und der Musterlösung erkennen.

Wenn aber Bildung dazu beitragen soll, wie es in der erwähnten Forderung des Bundesministeriums heißt, aktiv und eigenverantwortlich nachhaltige Handlungsoptionen zu bestimmen, dann müssen Schülerinnen und Schüler mehr lernen, als lediglich richtig und falsch zu unterscheiden. Dazu gehört, dass neben dem »positiven Wissen« (Was ist richtig?) nicht nur das »negative Wissen« (Was ist falsch?) betrachtet wird, sondern auch das »konstruktive Wissen« (Warum ist es so?), um die mit den Fehlern verbundenen Zusammenhänge zu hinterfragen und aus den Fehlern tatsächlich zu lernen.

Kompetenzen entstehen nicht durch das Aneinanderreihen von Fakten, sondern durch Erfahrungen. Erst in Verbindung des Fehlers mit dem Sinn und der Bedeutung des positiven Wissens wird das negative Wissen zu einer Art nützlichem Schutzgürtel. Negatives Wissen ist also das Wissen um das, was nicht richtig ist, warum es so nicht geht und welche Folgen daraus entstehen. Konstruktiv heißt in diesem Kontext, die Abweichung von der Norm zu erkennen und die daraus entstehenden Folgen richtig einschätzen zu können. Dabei muss erkannt werden, ob die Abweichung unbedeutend ist, sie eine Gefahr darstellt oder sogar gut ist und die Chance für etwas Neues eröffnet. Eine so verstandene lösungsorientierte und konstruktive Fehlerkultur hilft damit, sowohl das vorhandene Wissen zu aktivieren und anzuwenden als auch den Willen zu stärken, Neues hinzuzufügen, um so vorhandene Wissenslücken zu schließen.

Wenn ein hilfreicher Betrachter anschließend die anderen Seiten von Amelies Gewächshaus, das Selbstkonzept und den Selbstwert, anschaut, erkennt er vielleicht, dass auch diese Seiten nicht mehr klar und sauber sind, sondern mittlerweile beschmutzt und dadurch nicht mehr richtig lichtdurchlässig. Die Schule ist zwar keine Anstalt, in der nur Sittlichkeit und Moral gepredigt und gefordert wird, aber zumindest sollte sie jungen Menschen helfen, neben ihren individuellen Bedürfnissen, Wünschen und Werten auch allgemeine Normen und Verhaltensweisen kennenzulernen und zu leben. Verbundenheit, Aufrichtigkeit und Fairness sind schließlich der Kitt, der Gesellschaften zusammenhält. Wenn achtlose Lehrkräfte durch unklare oder fehlerhafte Aufgabenstellungen, zweifelhafte und ungerechte Bewertungen oder falsche Korrekturen dazu beitragen, dass junge Menschen den Glauben an Recht und Gerechtigkeit verlieren, dann behindern sie deren Wertebildung und ihre Entwicklung zu mündigen und verantwortungsbewussten Persönlichkeiten. Durch das Eingestehen von eigenen Fehlern untergraben diese Lehrkräfte nicht ihre Autorität, sondern zeigen am eigenen Beispiel, wie mit Irrtümern und Fehlschlägen konstruktiv umgegangen werden kann.

Folgende drei Ratschläge könnten in Amelies Beispiel zu einer konstruktiven und lösungsorientieren Fehlerkultur beitragen:

1. Das Warum klären – Räume öffnen

Bei der konstruktiven lösungsorientierten Fehlerkorrektur muss immer das »Warum« des Fehlers geklärt werden. Es kann durchaus Freude bereiten, ein Ergebnis dahingehend zu überprüfen, ob es richtig oder falsch ist. Richtig spannend wird die Überprüfung aber erst durch den Beweis, warum etwas richtig oder falsch ist. Davon können Wissenschaftlerinnen, Finanzbeamte und Juristen ein Lied singen. Erkenntnisreich und zukunftsorientiert wird es vor allem dann, wenn es gelingt, durch die konstruktive Fehlerkultur auch adäquate Lösungsvorschläge zu erarbeiten.

Mehr darüber kann man zum Beispiel nachlesen bei: Simon Sinek – Frag immer erst: warum.

2. Offen bleiben und Angebote machen

Bei der Bewertung, ob etwas richtig oder falsch ist, sollten manchmal auch erfahrene Lehrkräfte vorsichtig sein. Was früher während des eigenen Heranwachsens noch als richtig galt, kann heute angezweifelt und morgen als falsch erkannt werden. Man denke nur an die Rechtschreibreform und die daraus entstandenen Irritationen nicht nur bei Schülerinnen und Schülern. Nur weil sich dem Beurteiler, mit der Musterlösung im Hinterkopf, im Augenblick der Korrektur der gedachte Sinn des jungen Autors nicht erschließt, muss etwas noch lange nicht falsch oder unproduktiv sein. Konstruktive Fehlerkultur heißt auch, nicht dogmatisch auf seiner Position zu verharren, sondern für die Prozesse aufgeschlossen zu sein und andere Perspektiven im Diskurs zuzulassen. Dies können andere Herangehensweisen an bestimmte Sachverhalte und Problemstellungen sein, aber auch die notwendigen Weiterentwicklungen der Gesellschaft, der Wissenschaft und der Kultur betreffen. Diese Form von Lösungs- und Werteorientierung müssen Kinder und Jugendliche unbedingt auch im Proberaum der Schule erfahren.

3. Gemeinsam reflektieren

Korrekturen durch Lernende sind zwar prinzipiell möglich und manchmal sogar wünschenswert, müssen aber reflektiert und besprochen und nicht blind bewertet werden.

Gemachte Fehler können wertvolle Hinweise auf eigene Entwicklungsmöglichkeiten sein, wenn sie wertschätzend miteinander besprochen werden. Das verringert nicht nur die Lust zu schummeln, sondern verhindert auch, dass die Ergebnisse von Korrekturen die Betroffenen demütigen und beschämen. Was auch vom armen Benny nur schwer zu ertragen war.

Wie würde eine konstruktive Fehlerkultur dem Grundschüler Benny helfen?

In diesem Fall hätte die gläserne Seitenfläche des Gewächshauses auf der Selbstwertseite durch die Demütigung im Klassenraum hoffentlich nur ein paar Kratzer abbekommen. Im schlimmsten Fall ist sie aber zu Bruch gegangen und muss nun repariert werden.

Eine konstruktive Fehlerkultur schützt und stärkt den Selbstwert der Betroffenen. Sie fordert die Auseinandersetzung mit Fehlern in einer fehlerfreundlichen Atmosphäre. Eine gute Fehlerkultur lebt auch von der respektvollen Begegnung der Menschen. In den USA gibt es den Begriff der Blame Culture, der beschreibt, wie sich in einer destruktiven Fehlerkultur der Verursacher eines Fehlers bloßgestellt und lächerlich fühlt, wenn andere ihn zum Gespött machen oder ihn an den Pranger stellen. Um zu verhindern, dass Fehler zu Demütigungen und dauerhaften Schäden führen, muss die Blame Culture in deutschen Schulstuben verhindert werden. Ein positives pädagogisches Verständnis verlangt deshalb nicht nur das Erkennen, Offenlegen und Beseitigen von Fehlern, sondern auch den respektvollen und wertschätzenden Umgang mit den Verursachern. Im Wirtschaftskontext hat man deshalb damit begonnen, der Blame Culture die FuckUp Culture gegenüberzustellen. Diese Form mit Pleiten, Pech und Pannen umzugehen ist mittlerweile salonfähig. In offenen Bühnennächten werden weltweit Fehlversuche, gescheiterte Projekte und Unternehmungen genauso stolz und für alle bereichernd präsentiert wie sonst nur Erfolge. Auf dem Deutschen Lehrkräfteforum erzählten Pädagoginnen und

Mehr darüber kann man zum Beispiel nachlesen bei: Bert Overlack – FuckUp.

Pädagogen 2021 in einer Fuckup Night sehr ehrlich und aufrichtig von ihren gescheiterten Unterrichtsversuchen. Erstaunlicherweise wurden sie dafür von ihren Kolleginnen und Kollegen gefeiert und wertgeschätzt.

Fehler und Irrtümer sind nämlich keine peinlichen Ausnahmen, sondern nur Teil eines Weges. Fehler sind auch keine nassen Lappen, die man den Betroffenen um die Ohren schlägt, sondern warme Mäntel, die man ihnen besser sorgsam und schützend über die Schulter legen sollte. Formulierungen wie »Was hast du dir bloß dabei gedacht?« oder »Wie konnte dir das bloß passieren?« und »Warum hast du das nicht so gemacht, wie ich es verlangt habe?« sind nasse Lappen, die den Schmerz vergrößern und aus dem mutigen Versuch ein abgewertetes Versagen machen. Der warme Mantel hört sich vielleicht so an: »Ach, ich kann dich gut verstehen, dein Gedanke ist logisch und nachvollziehbar, ist allerdings (zum Beispiel historisch oder biologisch) nicht richtig. Lass mich dir zeigen, warum das ein interessanter Fehler ist.« Oder: »Schaut mal, ich habe mit seiner Erlaubnis aus Michaels Aufsatz einen besonders interessanten Fehler an die Tafel geschrieben, weil wir da alle was zusammen draus lernen können und derselbe Fehler vielen von uns beim Schreiben auch schon mal oder nochmal passieren könnte. Vielen Dank Michael, dass du mir das gestattet hast.« Oder: »Schaut mal, bei Aufgabe drei hat Ines einen alternativen Lösungsansatz versucht. Das war eine gute Idee. Lasst uns mal zusammen verstehen, warum ihr Ansatz sie dieses Mal nicht zur Lösung geführt hat.«

Dieser warme Mantel blieb Benny verwehrt. Stattdessen hatte er nach seinem Referat einen nassen Lappen abbekommen. Das hätte Bennys Lehrerin unter allen Umständen verhindern müssen. Allerdings sei an dieser Stelle angemerkt, dass es bei Fehlern und Irrtümern günstiger ist, den warmen Mantel schon bei der Betrachtung des Prozesses und nicht erst bei der Bewertung des Ergebnisses um die Schulter zu legen. Benny hatte den Mut, als Erster ein Referat vor der Klasse zu halten, ohne zu wissen, wie Referate gut gelingen. Es wäre deshalb sinnvoll gewesen, den gesamten Prozess von der Vorbereitung, der Entstehung über die Ausführung bis hin zur Nachbetrachtung des Referates im Blick zu behalten. Erst durch die prozessuale und ganzheitliche Betrachtung führt die konstruktive Fehlerkultur zum wirklichen Erkenntnisgewinn.

Eine solche mentale und inhaltliche Unterstützung wäre deshalb auch für Benny sicherlich bei der Vorbereitung hilfreich gewesen, um die Ängste schon im Vorfeld zu verhindern oder abzubauen. Dazu gehört die Angst, etwas Falsches zu sagen oder durch die aufkeimende Nervosität ins Schleudern zu geraten und sich so zu blamieren. Wie hilfreich wäre es gewesen, wenn die Lehrerin Benny schon zu Beginn seiner Arbeit damit beruhigt hätte, dass Fehler und Irrtümer nicht schlimm sind, schon gar nicht bei ersten Referaten in der Grundschule. Zu Beginn des Vortrages hätte die Lehrerin den Respekt der Klasse für Benny einfordern können. Dazu hätte sicherlich die Würdigung des jungen Referenten in Bezug auf seine gute Vorbereitung, den Wert seiner Recherche und textlichen Arbeit und seinen pionierhaften Mut beigetragen.

Nach Beendigung hätte sie sehr differenziert zunächst die Inhalte des Referates hervorheben können, um dann ihre schützende Hand über Benny zu legen mit der Frage: »Na, wie hättet ihr euch gefühlt, hier so vor der Klasse als Erster die Feuertaufe zu bestehen?« Erst danach könnten sich alle auf die Suche nach den positiven Aspekten des Referates und anschließend Verbesserungsvorschläge machen. »Was können wir Benny empfehlen, dass es noch besser von euch verstanden wird?«

Wenn der verantwortliche Experte die anderen Seiten von Bennys Gewächshaus, das Selbstkonzept und die Selbstkompetenz, anschauen könnte, würde er feststellen, dass durch den Tritt gegen die Selbstwertseite vielleicht auch die anderen beiden Seiten aus den Fugen geraten sind und deshalb neu ausgerichtet werden müssen, damit sie nicht einstürzen. Denn durch die Abwertung und die gefühlte Überforderung mit sich und der erlebten Situation erwachsen in Benny auch Zweifel an seiner Kompetenz. Ebenso gerät das Bild von sich selbst ins Wanken. Das Selbstvertrauen, die Herausforderungen handhaben zu können, das beim Erarbeiten des Referats noch intakt war, ist nun vielleicht getrübt. Negative Glaubenssätze und Aussagen über die Zukunft wie »Das mache ich nicht nochmal« oder »Es bringt nichts, mich anzustrengen« und ein Verlust der Begeisterung können daraus folgen. Deshalb müssen auch die Verbindungen zwischen Selbstwert und Selbstkonzept gekittet werden.

Folgende drei Ratschläge können bei Benny zu einer konstruktiven Fehlerkultur beitragen:

1. Den Prozess über das Ergebnis stellen

Für die konstruktive Fehlerkultur ist es wichtig, immer den ganzen Prozess differenziert in die Bewertung und Reflexion miteinzubeziehen. Es reicht nicht, vom perfekten Ergebnis auszugehen, abzulehnen und abzuwerten und nur an der Stelle, bei der es nicht geklappt hat, Verbesserungen anzumerken.

Auch die Verantwortung der Begleiter und Lehrenden in den Vorbereitungsphasen, Vermittlungen und die Klärung der Erwartungen, aber auch die Aufarbeitung und Nachbereitung gehören zu dieser Prozessorientierung.

2. Die Schätze sehen, nicht nur die Fehler

In einer konstruktiven Fehlerkultur gibt es weder Schuldige noch Verlierer, sondern lediglich Ursachen. Die Frage lautet deshalb: »Warum und wie konnte es dazu kommen?« Und nicht: »Wer hat den Fehler gemacht?« Es geht deshalb auch nicht um Bestrafung und Bloßstellung, sondern um die konkrete Erkenntnis, die aus dem Fehler gewonnen werden kann.

Bei der konstruktiven Fehlerkultur geht es nicht um das Erdulden der negativen Folgen aus Fehlern, sondern vor allem um die Erkundung positiver Erkenntnisgewinne. Deshalb heißt es auch nicht: »Du kennst die Folgen solcher Fehler.« Sondern: »Wie wollen wir jetzt damit umgehen?« und »Wie schaffen wir es, dass so etwas nicht wieder passiert oder es beim nächsten Mal besser klappt?«.

3. Wertschätzung, Akzeptanz und Resonanz

Ganz unabhängig davon, ob Fehler gemacht wurden oder nicht, sollten wir alle in unseren Lernumgebungen wertschätzend miteinander umgehen. Sich gegenseitig anzugreifen, abzuwerten und aufeinander herumzuhacken ist stets destruktiv. In einer solchen Umgebung wird jede Blöße, die man sich gibt, und jeder Fehler, den man macht, zu einer Waffe für vermeintliche oder tatsächliche Konkurrenten oder Kontrahenten. Unter solchen Voraussetzungen kann niemand gesund wachsen und etwas ausprobieren. Auch ist es dann viel zu gefährlich, den eigenen Prozess infrage zu stellen.

Für den Erfahrungszuwachs brauchen junge Menschen eine Umgebung, in der für alle klar ist, dass Fehler passieren und deshalb niemand abgelehnt oder gedemütigt wird, sondern dass alle gemeinsam aus den Irrtümern und Fehlern lernen dürfen. Dazu gehören auch Verständnis und Mitgefühl, die den Beteiligten erlauben zu sagen: »Solch einen Fehler habe ich auch schon gemacht und die anderen hier kennen das auch.« Nur durch dieses Miteinander und nicht durch das Gegeneinander kann eine gesunde Entwicklung entstehen. Leider hat auch Clara das nicht wirklich erfahren dürfen.

Wie könnte es gelingen, dass Clara nicht weiter erdulden muss, sondern endlich gestalten kann?

In Claras Gewächshaus des Selbst ist die Seitenfläche des Selbstkonzeptes unvollständig oder eventuell auch gar nicht vorhanden. Vielleicht wurde sogar ein fremdes, nicht passendes Bauteil benutzt.

Eine konstruktive Fehlerkultur macht Mut, sich einzugestehen, dass Fehler und Irrtümer nicht nur durch eigenes Versagen entstehen und nicht immer nur an messbaren Ergebnissen und Bewertungen festgemacht werden können, sondern manchmal einfach nur auf einem gestörten Selbstbild oder falschen eigenen bzw. fremden Erwartungen beruhen, wie wir am Beispiel von Clara gesehen haben.

Die konstruktive Fehlerkultur betrifft deshalb auch die Überprüfung und Aktualisierung des Selbstkonzepts, seine Infragestellung und Veränderungsmöglichkeit.

Die überforderte Clara müsste also die Chance erhalten, loszulassen, sich auf sich selbst zu besinnen, um dann selbstbestimmt zu entscheiden, welche Ziele sie aufgibt und welche sie weiterverfolgen möchte. Das wird für Clara sicherlich nicht leicht. Schließlich haben bisher immer die Eltern entschieden, was richtig und falsch war. Dabei wurden mögliche gesundheitliche Kollateralschäden entweder nicht bemerkt oder unterbewusst den Zielen untergeordnet und in Kauf genommen. Kein Wunder, wenn Clara deshalb größte Mühe hat, sich aus dem elterlichen Korsett zu befreien und eigene Lösungen zu finden.

Die Psychologie bezeichnet Claras Verhalten als Lageorientierung. Ein lageorientierter Mensch ist so auf seine missliche Lage fixiert, dass er sich nicht von negativen Gedanken und Gefühlen lösen kann, um die anstehenden Veränderungen anzugehen. Stattdessen suchen solche Menschen meist bei sich die Schuld oder im Zweifel bei anderen. Dem hilflosen Lageorientierten bleibt nur die Hoffnung, dass die Situation sich entweder von allein bessert oder dass ihn jemand von außen aus der misslichen Lage befreit.

Der Psychologe Martin Seligman führt diese Selbstbeschränkung bzw. Passivität auf frühere Erfahrungen der Hilf- und Machtlosigkeit zurück. Erlernte Hilflosigkeit erwächst nach seiner Meinung aus den wiederkehrenden Kontrollverlusten, die zwischen den ausgeführten Handlungen und den daraus entstehenden Folgen entstehen. Das Gegenteil zur Lageorientierung ist die Handlungsorientierung. Als handlungsorientiert werden Menschen bezeichnet, die es schaffen, sich selbst aus misslichen Situationen zu befreien, um neue Versuche zu wagen. Für

Clara wäre also wichtig, nicht in der Lageorientierung und den schlechten Gefühlen stecken zu bleiben, sondern handlungsorientiert von einer Erdulderin zur Gestalterin zu werden.

Dazu wäre es zunächst wichtig, die Ursache für Claras Leistungsdruck zu erkunden und zu verstehen, welche Rolle die Eltern dabei spielen. Natürlich möchten fast alle Eltern das Beste für ihre Kinder, zugleich möchten sie aber auch stolz auf sie sein. Letzteres ist dann eine Art der Selbstbestätigung, die manche Eltern in einen Wettbewerbsmodus geraten lassen. Die eigenen Kinder sollen nicht nur mit anderen mithalten, sondern nach Möglichkeit noch besser sein als die vermeintlichen Konkurrenten.

Mehr darüber kann man zum Beispiel nachlesen bei: Sigrid Springmann-Preis – Notsignale aus dem Klassenzimmer.

Die Idealisierung des eigenen Kindes ist, in Maßen, ein natürlicher Vorgang und nicht schädlich. Sie darf aber nicht einen erhöhten Erwartungsdruck beim Kind auslösen, diesem Idealbild zu entsprechen. Noch viel weniger darf sie zu dem Glaubenssatz der Kinder führen, dass die Liebe und Bindung der Eltern an die von ihnen erbrachten Leistungen und Erfolge gekoppelt sind. Oft halten Kinder diesem Druck nicht stand und leiden dann in der Folge unter Anpassungs- und Angststörungen, Konzentrationsschwierigkeiten, Schlaflosigkeit, Trennungsängsten, später auch oft gepaart mit selbstverletzendem Verhalten, Essstörungen, Körperbildstörungen und Beziehungsängsten. In diesem Kontext können auch körperliche Symptome wie Kopf- oder Bauchschmerzen beobachtet werden. Wenn Kinder dann ausbrechen und selbstbestimmter leben wollen, kommt es häufig auch zu starkem Entgrenzungsverhalten. Die plötzliche und heftige Suche nach mehr Freiheit kann die vorherige Bindung stark infrage stellen, verbunden mit egozentrischen Übersprunghandlungen und anderen destruktiven Verhaltensweisen.

Dabei darf nicht vergessen werden, dass der Wunsch nach Selbstbestimmung nicht unbedingt das uneingeschränkte Streben nach Freiheit und Unabhängigkeit von anderen Personen behindert. Vielmehr müssen, wie weiter oben ausgeführt wurde, die drei psychischen Grundbedürfnisse miteinander harmonisch zusammenwirken, um der Entwicklung wirklich dienlich zu sein.

Freiheit muss deshalb nicht im Widerspruch zu Sinn und Sicherheit stehen, sondern ist immer Teil eines gesamten Konstruktes. Dabei kommt das soziale Umfeld der Selbstbestimmung entgegen und wird zum Geschenk für die selbstgemäße Entfaltung. Der Wunsch nach Autonomie und der Wunsch nach sozialer Eingebundenheit werden dann nicht als unüberwindbare Gegensätze wahrgenommen, sondern befinden sich im Einklang. Dafür bedarf es aber einer funktionierenden Beziehung zwischen Clara und ihren Eltern. In manchen Fällen und vor allem in der Not könnten auch andere Bezugspersonen diese Aufgabe übernehmen. Entscheidend ist, dass Clara sich sicher fühlt und geeignete Ansprechpartner für ihre Probleme hat.

In diesem Zusammenhang wird oft von »sicheren Bindungen« gesprochen. Zu sicheren Bindungen gehört Akzeptanz, sich angenommen zu fühlen und geliebt zu werden. Somit ist Resonanz als Gegenstück zur Entfremdung zu verstehen. Eine entfremdende soziale Umgebung versucht Menschen zu verdinglichen, zu funktionalisieren und zu optimieren. Insbesondere Kinder erleben sich in einer solchen Umgebung als nicht mehr gehört, nicht mehr gesehen, nicht mehr geschützt und fühlen sich deshalb der Welt hilflos ausgeliefert. Oft machen diese Kinder, später auch als Erwachsene alles Mögliche und lassen sich auf jeden Unsinn ein, nur um das fehlende Geborgenheitsgefühl irgendwie zu substituieren oder manchmal durch absurde Aktionen etwas Anerkennung zu erhalten.

Mehr darüber kann man zum Beispiel nachlesen bei: Hartmut Rosa – Resonanz.

Nicht nur junge Menschen brauchen deshalb den sicheren Resonanzraum, um als Subjekt gehört, gesehen und gefühlt zu werden und Antworten auf ihre essenziellen Fragen zu bekommen. Durch die tägliche, aktive und motivierende Begegnung mit der Welt und einem ehrlichen Echo bei der Erforschung der Fragen »Wer bin ich?«, »Was brauche ich?«, »Was kann ich?« und »Was will ich?« entsteht die gesunde und stabile Selbstentfaltung und legt, eingebunden in das soziale Umfeld, die Grundmuster der emotionalen und sozialen Entwicklung.

Selbstgemäße Entfaltung setzt immer voraus, dass man sich wirklich selbst entfaltet. Eine zunehmend »adulisierte« Kindheit, die sich vorwiegend am Erreichen vorgefasster Leistungsziele von Erwachsenen orientiert, verhindert nicht nur die Selbstbestimmung, sondern auch das tragfähige Selbstkonzept und die eigene Identitätsfindung.

Leistungsanforderungen wirken sich nur so lange positiv aus, wie die Betroffenen das Gefühl haben, bedeutsam zu sein und sich in einem sinnvollen Prozess zu befinden, den sie handhaben können. Dazu gehört auch das Gefühl von Geborgenheit, eingebunden in ein resonantes Umfeld, das sie dabei unterstützt, die Herausforderungen zu bewältigen, und im Falle eines Scheiterns nicht mit Ablehnung reagiert, sondern mit Akzeptanz. Dabei geht es für die Betroffenen um die vielfach erwähnte Befriedigung der Grundbedürfnisse Freiheit, Sicherheit und Sinn.

Wie wichtig die sozialen Kontakte als »Nahrung« für die »überlebensnotwendige« Lebensentfaltung sind, ist unbestritten. Das beweisen die menschenverachtenden Experimente, wie zum Beispiel das von Friedrich II. von Hohenstaufen (1194 bis 1250), römischer Kaiser, deutscher König, der den Befehl gab, Neugeborene nur zu nähren und zu wickeln, aber jeden sonstigen Kontakt zu vermeiden. Die Kinder starben. Ähnliches Leid mussten die Waisenkinder in den 1950er-Jahren in Rumänien ertragen, die sich nur unzureichend entwickeln konnten, weil sie ständig wechselnden Pflegepersonen ausgesetzt waren und deshalb verkümmerten.

Trotzdem müssen alle Eltern auf den Zusammenhang und die Folgen achten, die zwischen Liebe und Geborgenheit auf der einen Seite und Leistungserwartung auf der anderen Seite entstehen. Kinder brauchen Resonanzräume und keine elterlichen Echokammern, in denen nur deren Aussagen verstärkt und anders lautende Meinungen einfach ignoriert werden.

Für Clara wünscht man sich daher vor allem eine Befreiung aus der Hilflosigkeit und der fast willenlosen Abhängigkeit von den Eltern, um in wachsender Verantwortung für sich selbstbestimmt zu handeln. Das wird für Clara sicherlich nicht einfach. Denn eine Antwort auf die Frage »Was will ich?« zu finden, ist schon für die meisten Erwachsenen eine große Herausforderung. Für viele gestaltet sich die Suche nach Bindung und Geborgenheit einerseits und dem Drang nach Freiheit und Selbstbestimmung andererseits als sehr schwierig. Um die dabei auftretenden Konflikte zu lösen, bedarf es deshalb einer gründlichen Auseinandersetzung mit dem eigenen Selbst. Natürlich kann das immer auch allein gelingen, aber auch mit einem sicheren Umfeld und den dort vorhandenen Akzeptanz- und Resonanzräumen.

In der Metaphorik heißt das für Claras Gewächshaus, dass man bei genauerer Betrachtung sehr schnell feststellen müsste, dass auf der Kompetenzseite, trotz aller angeeigneten Fähigkeiten, auch in der Sozialkompetenz und Selbstkompetenz sich entscheidende Lücken aufgetan haben. Sie hat leider nicht gelernt, auf ihre eigenen Bedürfnisse und auf sich zu achten. Außerdem würde auffallen, dass auch die Selbstwertseite nur noch durch die leistungsabhängige Selbstbestätigung, den kontingenten Selbstwert, aufrechterhalten wird. Bei genauer Inaugenscheinnahme entspricht das Gewächshaus eher den Vorstellungen ihrer Eltern als denen von Clara. Damit Clara das Gewächshaus wirklich persönlich in Besitz nehmen und mit der Instandsetzung beginnen kann, bedarf es Zuspruch, Zeit und der Entwicklung eigener Ziele.

Deshalb braucht Clara zuerst einmal Zeit und Raum, um ihren Weg zunächst zu stoppen, und eine gute Begleitung, um ihr bestehendes Gewächshaus zu erforschen. In dieser gestützten Reflexionsphase könnte sie lernen, ihre eigene Geschichte zu erzählen, statt die ihrer Eltern nachzuerzählen. In dieser Phase könnte sie auch ihr Selbst besser kennenlernen und sich ihrer Werte und Wünsche bewusst werden, bevor sie anschließend ihre eigenen Ziele und eigenen Wege festlegt. So gestärkt, könnte sie dann damit beginnen, sich selbst zu entfalten, oder anders ausgedrückt, das Gewächshaus nun nach ihren Vorstellungen reparieren und neu gestalten.

Folgende drei Ratschläge können bei Clara zu einer konstruktiven Fehlerkultur beitragen:

1. Sich für die eigenen Geschichte Interessieren

Clara fehlt der Raum und das Vokabular für eine heilsame Selbsterzählung. Sehr hilfreich für Claras Entwicklung wäre es deshalb, wenn es ihr gelänge, über ihre eigenen Bedürfnisse, Gefühle und Gedanken zu sprechen, ihre innere Geschichte zu erzählen und zu hören. Mit sich selbst in einen Dialog zu treten, ist sicherlich nicht einfach, aber eine wichtige Voraussetzung für die weiter oben erwähnte Impathie, das Selbstmitgefühl. Dazu müsste Clara zunächst lernen, sich selbst wahrzunehmen und sich aus der Distanz wertfrei zu betrachten. Erst wenn es ihr gelingt, diesen Wahrnehmungen freundlich, offen und verständnisvoll zu begegnen, kann sie ihre Gefühle, Bedürfnisse, Sehnsüchte verstehen und einordnen.

Ein Gespür für sich selbst zu entwickeln wird erschwert, wenn man selbst wenig Empathie, ein Gespür für andere, entwickeln konnte. Da Clara die dafür notwendigen Erfahrungen eventuell noch fehlen, benötigt sie unbedingt die Unterstützung aus der Schule oder ihrem persönlichen Umfeld. Clara braucht also mehr denn je das Verständnis anderer Menschen für ihr Erleben – mitfühlende andere, die neugierig auf ihre Emotionen und Erfahrungen und nicht nur auf ihre anscheinend fehlerfreien Leistungen sind.

2. Sinn für das Relevante und Mut, weiterzuerzählen

Wie in jeder Geschichte sollte auch in der Selbst-Geschichte die Haupthandlung Vorrang haben und wenig durch irrelevante Nebenhandlungen gestört werden.

Ganz nüchtern und rational betrachtet spricht ja schon ein Blick auf Claras Terminkalender Bände. Es wird höchste Zeit, dass die Eltern oder andere ihr wohlgesonnene Menschen in einer Art Kosten-Nutzen-Analyse Clara helfen, Wichtiges und Unwichtiges in ihrem Leben zu unterscheiden. Dabei hilft die Frage, was ihr wichtig ist, was sie wirklich gern macht, was ihr leichtfällt und wie viel Zeit sie dafür verwendet. Was sind die für sie relevanten Lebens- und

Entwicklungsbereiche, von der Familie und den Freunden angefangen über die eigene Entfaltung weiter zur Schule und Leistungsbereitschaft bis hin zu Körper und Gesundheit? Über die tatsächlich verwendete Zeit und über die gewünschte Zeit lässt sich in einem Soll-Ist-Vergleich herausfinden, welche Zeitverschiebungen und Veränderungen zwischen den Bereichen wünschenswert sind. Das heißt nicht, dass sie von vornherein alles wegstreichen muss, sondern gezielt herausfindet, was für sie selbst sinnvoll und bedeutsam ist und was eben nicht, um so gezielt neue Entscheidungen treffen zu können.

Aber dazu muss sie auch in der Lage sein, ihre negativen Gefühle und Überforderungen als Signale ernst zu nehmen, und sie muss verstehen lernen, dass etwas aus Selbstfürsorge aufzugeben kein Versagen ist. Die Versagensangst kann dazu verleiten, auch etwas zu machen, das einem nicht guttut, was dann eben auch ein Fehler ist. Auch vor diesem Fehler braucht man sich nicht fürchten, vielmehr kann man daraus lernen, ihn annehmen und ihn als Ressource nutzen.

Mit diesem gestärkten Verständnis für sich kann sie dann hoffentlich mitfühlend, helfend und unterstützend auf ihre Situation und ihre Bedürfnisse reagieren und ein tragfähiges Selbstkonzept gestalten.

3. Lernen, die eigene Geschichte von fremden Geschichten zu unterscheiden

Wenn Clara ihr eigenes Gewächshaus gestalten und deshalb auch ihre eigene Geschichte erzählen könnte, dann wäre ihr bewusst geworden, was sie für sich und von sich aus tut und was nicht, also wann sie selbst- und wann fremdbestimmt handelt. Dass Clara fortan nur noch ihre eigene Geschichte bestimmen soll, bedeutet nicht, von nun an die unbedingte und uneingeschränkte Freiheit ausleben zu können oder vielleicht sogar zu müssen, sondern vielmehr die oben beschriebene Harmonie zwischen Freiheit, Geborgenheit und der Sinnsuche herzustellen.

Mehr darüber kann man zum Beispiel nachlesen bei: Reinhold Miller – Frei von Erziehung, reich an Beziehung.

Deci und Ryan (1993) beschreiben in der von ihnen begründeten Selbstbestimmungstheorie einen hilfreichen Ansatz, wie der Einklang von Fremd- und Selbstbestimmung gelingen kann. Für sie ist die intrinsische Motivation der Prototyp der Selbstbestimmung. Sie entsteht durch das Bestreben, die physischen und psychischen Grundbedürfnisse zu befriedigen. Extrinsische Motivation bezieht sich dagegen auf Situationen, in denen das Verhalten und die Motivation von außen beeinflusst werden. Auch die extrinsische Motivation kann als selbstbestimmt erlebt werden, wenn die von außen vorgegebenen Intentionen verinnerlicht sind und mit Begeisterung, guter Laune, körperlichem und psychischem Wohlbefinden einhergehen.

Am weitesten von der Selbstbestimmung entfernt ist für die Autoren ein Handeln aufgrund von äußerem Druck durch Belohnung und Bestrafung (externe Regulation). Was das für destruktive Fehlerkultur bedeuten kann, ist leicht vorstellbar und haben manche ältere Menschen am eigenen Leib durch den Stock des Lehrers erfahren.

Eine subtilere Form der Außensteuerung liegt vor, wenn das eigene Tun oder Unterlassen nur aufgrund von fremden Erwartungshaltungen, innerem Druck oder durch schlechtes Gewissen, Angst oder Scham erfolgt (introjizierte Regulation, lat. *intro* hinein und *iacere* werfen). Obwohl keine direkten äußeren Anstöße nötig sind, werden die Vorgänge von außen verursacht. Sie entspringen zwar der Person selbst, sind aber nur geringfügig selbstbestimmt. Clara machte alles, nur um ihren Eltern zu gefallen. Claras Eltern brauchen deshalb keinen direkten Druck auf Clara auszuüben, weil sie sich durch ihr »schiefes« Selbstkonzept bereits schon selbst unter Druck setzt.

Selbstbestimmter würde Claras Handeln, wenn sie sich tatsächlich mit den Zielen hinter ihrer Handlung identifizieren könnte. Wirklich selbstbestimmt würde sie nur handeln, wenn sie etwa vorher bewusst aus mehreren ihr dargebotenen guten Alternativen eine auswählen dürfte und diese selbstbestimmt in ihr Selbstkonzept integrieren könnte. Dafür braucht Clara Menschen, die ihr helfen, diese Möglichkeiten zu erkennen und zu erfahren, wie diese zu ihren eigenen Interessen, Bedürfnissen und zu ihrem gesamten Leben passen.

Die Integration des von außen herangetragenen Wertvollen und Wünschenswerten kommt der intrinsischen Motivation am nächsten. Die so gefundenen und angenommenen Werte lassen sich dann harmonisch mit den eigenen Bedürfnissen in Einklang bringen, führen zu keinen inneren Konflikten und fördern die Selbstentfaltung. Eine konstruktive Fehlerkultur muss daher auch mit eigenen und fremden »Fehleinschätzungen« und »Konstruktionsfehlern« gut und offen umgehen. Dafür bedarf es aber keiner restriktiven Bauaufsichten, die nur die Einheitsbauten im Blick haben, sondern Mutmachern, die dazu beitragen, das eigene Konzept zu entwickeln und zu beginnen, die eigene Geschichte zu schreiben.

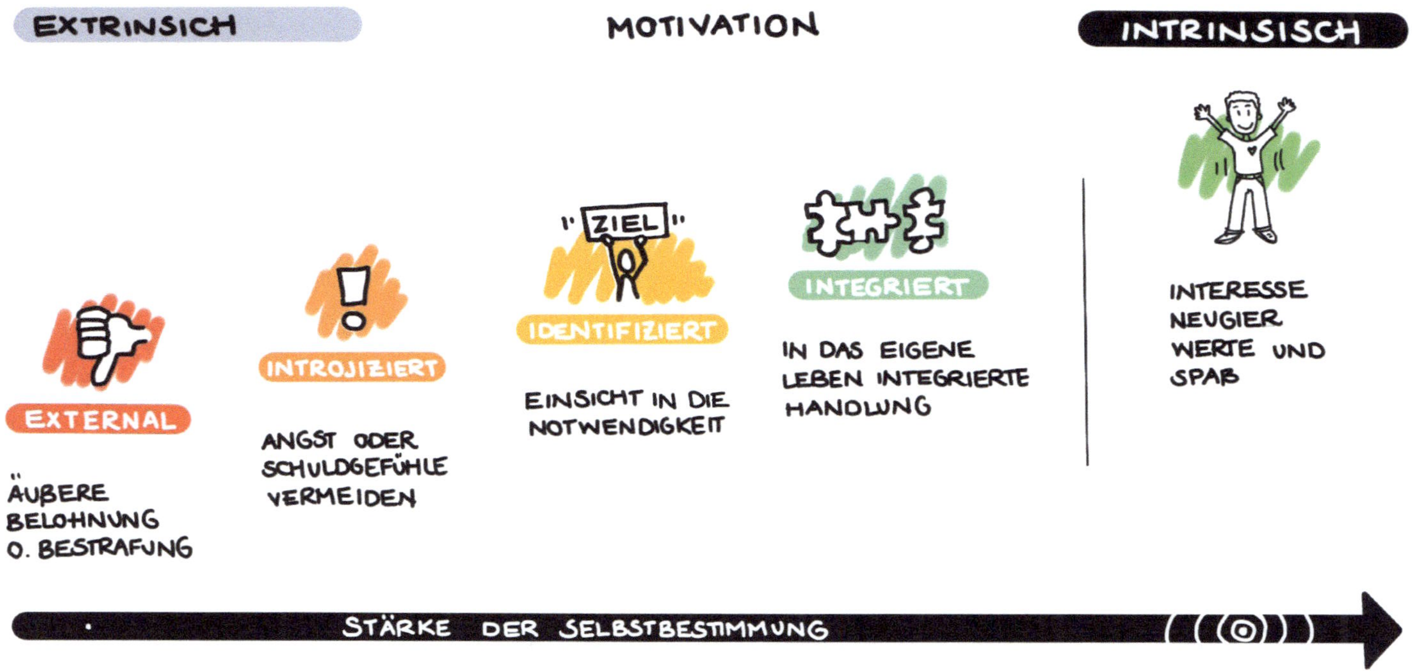
EXTRINSICH
MOTIVATION
INTRINSISCH
ZIEL
EXTERNAL
ÄUßERE BELOHNUNG O. BESTRAFUNG
INTROJIZIERT
ANGST ODER SCHULDGEFÜHLE VERMEIDEN
IDENTIFIZIERT
EINSICHT IN DIE NOTWENDIGKEIT
INTEGRIERT
IN DAS EIGENE LEBEN INTEGRIERTE HANDLUNG
INTERESSE
NEUGIER
WERTE UND
SPAß
STÄRKE DER SELBSTBESTIMMUNG

Fazit

Wer Neuland betritt, macht Fehler, muss Fehler machen dürfen. Jeder Fehler ist ein Durchgangsstadium für viele erfolgreiche Lernprozesse. Bei schwierigen Problemen sind Fehler deshalb nicht selten zwar eine kurzfristige Engstelle, aber die notwendigen Voraussetzungen für den Kompetenzerwerb und die erfolgreiche Suche nach richtigen Lösungen. Maria Montessori spricht von einer Orientierungshilfe und fordert, dem Fehler freundlich zu begegnen und ihn als einen Gefährten zu betrachten, der mit uns lebt und einen Sinn hat. Fehler werden zu guten Weggefährten, wenn sie Menschen beim Holpern, Stolpern und Weiterkommen hilfreich zu Seite stehen. Für die konstruktive Fehlerkultur kann man daraus drei grundsätzliche Aspekte ableiten:

1. Fehler und Irrtümer sind ein wesentlicher Bestandteil des Lernprozesses

Beim konstruktiven Umgang mit Fehlern geht es vor allem um das Warum als konstruktives Wissen. Um aus den Fehlern tatsächlich zu lernen, müssen damit verbundene Zusammenhänge und sachliche Folgen hinterfragt werden. Dabei sollten Fehler, die hin zur Lösung führen, von denen, die nicht weiterhelfen, unterschieden werden.

Dies gelingt nur, wenn die Fehler in einer Umgebung gemacht werden, in der sie die Erfüllung der Grundbedürfnisse nach Freiheit, Sicherheit und Sinn nicht behindern, sondern fördern. Das heißt,

- wenn wir die *Freiheit* haben, uns auszuprobieren und über gemachte Fehler zu sprechen.
- wenn wir die *Sicherheit* haben, dass wir wegen der beim Üben gemachten Fehler nicht abgelehnt, sondern eingeladen und ermutigt werden, uns zu entwickeln.
- wenn wir einen *Sinn* darin sehen, Fehler machen zu dürfen, und eingeladen sind, den Sinn und die Lernchance im Fehler zu entdecken.

Diese Voraussetzungen ermöglichen den konstruktiven Umgang mit Fehlern in angebotenen Proberäumen. Dabei müssen alle Verantwortlichen, die den Lernprozess begleiten, sich als gestaltende Schatzsucher verstehen. Fehlerfahnder, die unentwegt die Unzulänglichkeiten des Gegenübers aufspüren und die gefundenen Fehler als Machtmittel oder für Selektionszwecke instrumentalisieren oder aus Interessenlosigkeit alles gutheißen, verhindern, aus Fehlern lernen zu dürfen. Fehler in Leistungssituationen mit verbindlichen Anforderungen und festgelegten Bewertungsmaßstäben sind schlechte Weggefährten, weil sie persönliche Misserfolge verursachen und vielleicht Frustrations- und Schamgefühle erzeugen oder wie bei Amelie zum Schummeln anregen. Manchmal können daraus latente Versagensängste, Selbstzweifel und depressive Stimmungen entstehen, die den Selbstwert und das Selbstkonzept beeinträchtigen und den Kompetenzerwerb verhindern.

2. Fehler werden zu guten Weggefährten, wenn sie das innere Wachstum fördern

Fehler werden zu unseren besten Begleitern, wenn sie dazu beitragen, auch auf den holprigen und steinigen Wegen, die das Leben so mit sich bringt, sicher gehen zu können. Aus den bearbeiteten Erfahrungen erwachsen Kompetenzen, die uns ermutigen, auch auf unbekanntem und manchmal unwegsamem Gelände weiterzulaufen. Auf diese Weise werden sie zum unentbehrlichen Helfer beim Erwerb notwendiger Erkenntnisse, Fähigkeiten und Fertigkeiten, um die gegenwärtigen und zukünftigen Herausforderungen des Lebens zu meistern. Der konstruktive Umgang mit bereits gemachten Fehlern ermöglicht es, sie als wichtigen Teil der eigenen Geschichte zu sehen und damit auch den Selbstwert zu stabilisieren. Die Einladung zum impathischen, selbstmitfühlsamen, Umgang mit Fehlern fördert das trag- und zukunftsfähige Selbstkonzept. Es macht Lust, die eigene Geschichte ohne Angst vor Fehlern weiterzuerzählen und daran zu wachsen. All das gelingt aber nur in offenen Lernsituationen, die zum spielerischen und begleiteten Probieren anregen und Lust auf neue Erfahrungen machen.

3. Konstruktive Fehlerkultur braucht eine neue Schulkultur und unser aller Hilfe

Eine neue, konstruktivere Fehlerkultur in der Schule entsteht, wenn Lehrkräfte sich nicht nur als Wissensvermittler verstehen, sondern als Wachstumsexperten auch die Selbstbildung fördern und damit die Persönlichkeit der Kinder und Jugendlichen tatsächlich kräftigen. Das gelingt vor allem durch die Förderung einer regulativen Selbstkompetenz, eines stabilen sinnvoll verankerten Selbstwertes und eines tragfähigen, aktualisierbaren Selbstkonzeptes. Professionalität im Lehrberuf heißt deshalb auch, das Gewächshaus junger Menschen als Metapher ernst zu nehmen und ihre Persönlichkeit zu stärken. Damit das gelingt, müssen Lehrpersonen sich um die professionelle Nähe zu den Schülerinnen und Schülern bemühen, um so eine Beziehung im Resonanz- und Akzeptanzraum zu schaffen.

Mehr darüber kann man zum Beispiel nachlesen bei: Reinhold Miller – Frei von Erziehung, reich an Beziehung.

Alle für die Erziehung Verantwortlichen müssen dafür sorgen, dass junge Menschen sich nicht minderwertig und nutzlos fühlen, nur weil sie Fehler machen und noch nicht alles können. Schule muss auch durch eine aktive und gelebte konstruktive Fehlerkultur zur Lösung der Entwicklungsaufgaben beitragen. Das betrifft die Identitätsfindung, den Aufbau eigener Moral und Wertvorstellungen und die Entwicklung individueller Zukunftsperspektiven junger Menschen. Werden solche Entwicklungsaufgaben nicht oder unvollständig gelöst, bleiben sie als Belastungen und Hypotheken bestehen und tragen dazu bei, dass alle darauffolgenden Entwicklungsaufgaben ebenfalls nicht richtig bewältigt werden können.

Am Ende stellt sich auch die provokante Frage, ob die Schule in ihrer jetzigen Ausprägung überhaupt dazu in der Lage ist, die Selbstbildung junger Menschen und eine konstruktive Fehlerkultur zu fördern. Grundsätzlich kann diese Frage glücklicherweise mit einem Ja beantwortet werden, weil mittlerweile die meisten Lehrerinnen und Lehrer ihren Beruf deshalb gewählt haben, weil ihnen auch die Persönlichkeitsentwicklung der ihnen anvertrauten jungen Menschen wichtig ist. Dazu müssen unsere mutigen Pädagoginnen und Pädagogen allerdings die Perspektive der Fehlerfander und Erdulder verlassen und zu gestaltenden Schatzsuchern werden. Metaphorisch gesehen werden sie dann zu begleitenden Gewächshausexpertinnen und -experten, die junge Menschen beim Planen und Bauen ihres Gewächshauses konstruktiv unterstützen, damit das Gedeihen und Aufblühen der Persönlichkeit gelingt.

Leider werden sie in ihren Bemühungen oft noch zu stark gebremst, weil ihnen durch die strukturellen und formalen Bedingungen durch einengende curriculare Vorgaben, ergebnisfixierte Exzellenzprinzipien und die auf Qualifizierung und Selektion ausgerichtete Bildungslandschaft gewollt oder ungewollt die Perspektive des Fehlerfanders aufgedrängt wird. Das persönliche Bestreben, sich zum Schatzsucher zu entwickeln, wird konterkariert durch ein Schulsystem, das auf Belehrung vorgegebener Inhalte, auf Bewertung von Schülerleistung durch Noten und Selektion durch Bestimmung von Schullaufbahnen ausgerichtet ist.

Diese an den Beispielen von Amelie, Benny und Clara mehrfach beschriebene Fixierung auf exzellente Ergebnisse und die daraus folgende Erfolgsorientierung entsteht aus einem transaktionalen Bildungsverständnis, also den Tausch von fehlerfreier Leistung gegen gute Noten als Belohnung. Diesem antiquierten Bildungsverständnis widerspricht die weiter oben ausgeführte Selbstbestimmungstheorie von Deci und Ryan.

Die externe Regulation durch Belohnung mit guten oder die Bestrafung mit schlechten Noten und dem Sitzenbleiben wirkt nicht nur wenig motivierend, sondern ist auch weit weg von der selbstbestimmten freiheitlichen Entscheidung und vernachlässigt die Bedürfnisse nach Freiheit und Sicherheit.

Ähnlich demotivierend und wenig selbstbestimmt wirkt auch der Erwartungsdruck der Schule und des Elternhauses. Kein Wunder, wenn immer mehr Kinder und Jugendliche sich gestresst fühlen und lust- und antriebslos werden. Eine Fehlerkultur, die auf dem transaktionalen Verständnis beruht, verhindert die Lern- und Lebensfreude. Lernen ist nämlich mehr als nur passives Abspeichern von Informationen, die bei Bedarf fehlerfrei reproduziert werden, sondern ein kontinuierliches aktives Konstruieren einer eigenen Wirklichkeit durch Erfahrungen und deren Integration in vorhandene Erkenntnisstrukturen. Was ein Lernender durch seine Sinne aufnimmt, kann nur selten einer objektiven Wahrnehmung der Realität entsprechen, sondern höchstens deren subjektiver Interpretation. Dementsprechend kann auch das Wissen, was ist richtig und was ist falsch, nicht einfach übertragen werden, sondern muss von jedem Lernenden neu konstruiert werden. Diese konstruktivistische Auffassung des Lernens führt zwangsläufig zu einem Verständnis von Unterricht als Transformationsprozess zwischen den Beteiligten am Lernprozess.

In vielen Unternehmen ist man längst zur transformationalen Führung übergegangen. Sie ist das Gegenteil von transaktionaler Führung, bei der eine Transaktion, also ein Austausch zwischen der Leistung des Mitarbeiters und deren Entlohnung durch den Arbeitgeber, stattfindet. Transformierend Führende versuchen, die Werteorientierung ihrer Mitarbeiterinnen und Mitarbeiter (z. B. durch Visionen oder vorbildhaftes Verhalten) zu fördern, ihnen den Sinn des Unternehmens zu vermitteln und sie auf diese Weise intrinsisch zum Erreichen eines gemeinsamen, übergeordneten Ziels zu motivieren. Auf diese Weise entsteht eine integrierte extrinsische Motivation, was zu überdurchschnittlicher Leistungsbereitschaft und daher zu verbesserten Ergebnissen führt. Bernard Bass (1985), der das Konzept der transformationalen Führung in die Führungsforschung eingeführt hat, spricht in diesem Zusammenhang von »performance beyond expectations«. In seiner Konzeption besteht die transformationale Führung aus vier Dimensionen:

- *Vorbild sein*: eigenes vorbildliches Verhalten, das mit den eigenen Werten übereinstimmt
- *Visionen aufzeigen:* inspiratives Entwickeln von Zukunftsszenarien, Verdeutlichung des Beitrages zum Ganzen
- *Geistige Anregung:* Annahmen kritisch hinterfragen, Herausforderungen mitdenken
- *Individuelle Unterstützung:* Erkennen und Fördern der Potenziale der beteiligten Personen

Überträgt man dieses Verständnis und die genannten Dimensionen der transformationalen Führung auf schulische Bildung, so ergeben sich für die konstruktive Fehlerkultur notwendige Rahmenbedingungen und Verhaltensweisen der Lehrkräfte. In Bezug auf die wertschätzende Förderung der Selbstbildungsprozesse betreffen sie auch die drei Seiten des Gewächshauses der Persönlichkeit, den Selbstwert, das Selbstkonzept und die Selbstkompetenz als Transformationsprozess.

Die konstruktive Fehlerkultur ist deshalb integraler Bestandteil dieses transformationalen Bildungsverständnisses, weil durch sie, wie mehrfach schon betont wurde, die Schule zu einem Proberaum des Lebens wird, in dem junge Menschen lernen, Fehler als Lernanlass zu verstehen. Durch die konstruktive Fehlerkultur entsteht eine vertrauens- und verantwortungsvolle Beziehung zwischen Lehrenden und Lernenden: Erstens, weil die Lehrenden dazu beitragen, die Grundbedürfnisse nach Freiheit, Sicherheit und Sinn zu erfüllen, und die Wachstumsbedürfnisse des Selbst angeregt und erfüllt werden. Zweitens, weil die Lernenden darauf vertrauen können, dass ihnen sinnvolle Lerninhalte angeboten werden und sie wertschätzend im Lernprozess begleitet werden. Drittens, wenn die Lernenden die Lehrenden wertschätzen, weil sie als Personen vorbildlich, innovativ und inspirativ agieren und sie im Lernprozess einfühlsam und wertschätzend begleiten.

Schule ist mehr als eine Einrichtung der Wissensvermittlung, der Sozialisation und Selektion. Im Sinne der Maßgaben der Weltgesundheitsorganisation (1946) ist sie zugleich auch Anwalt der Heranwachsenden zur Sicherung deren körperlichen, geistigen und sozialen Wohlbefindens. Sie ist als Institution der Gesellschaft verpflichtet, mit ihren Mitteln dafür zu sorgen, dass aus unerfahrenen Kindern und Jugendlichen lebenstüchtige, engagierte, selbstbestimmte und demokratisch denkende und handelnde Erwachsene werden.

Das gelingt durch eine Erweiterung und Ergänzung der auf Wissens- und Fähigkeitsvermittlung ausgerichteten Wissenspädagogik durch eine an den Stärken der Lernenden orientierte, wertschätzende und das Individuum in den Blick nehmende Sozialisationspädagogik. Der Erziehungswissenschaftler Olaf-Axel Burow bezeichnet diese notwendige Ergänzung als »Positive Pädagogik« und hat sie wissenschaftlich fundiert. Die Autoren haben die Positive Pädagogik durch das Lernziel Wohlbefinden in den Weiterbildungen für Erziehungs- und Bildungsverantwortliche praktisch umgesetzt. Wie Schulen dazu beitragen können, die persönlichkeitsstärkenden Gewächshäuser von Kindern und Jugendlichen zu fördern und wie Lehrkräfte zu Schatzsuchern werden und transformationale Prozesse gestalten können, soll im nächsten Kapitel aufgezeigt werden.

5. Kapitel · Positive Institutionen und Begleiter für das Wachsen

Die Positive Pädagogik und das Schulfach Glück als Grundlagen für die Umsetzung und Verbreitung der konstruktiven Fehlerkultur

Schulentwicklung gemeinsam wagen

Olaf-Axel Burow zeigt seit vielen Jahren, wie Schulentwicklung mit modernen Methoden wie zum Beispiel der Zukunftswerkstatt (Design Thinking) für Eltern, Staat, Lehrer und Schüler gemeinsam gelingen kann. Die aus seiner wissenschaftlichen Arbeit entstandenen fundierten theoretischen Grundlagen und empirisch gestützten Prinzipien wurden in vielen Pilotschulen und Projekten im In- und Ausland umgesetzt: von Schulneugründungen über realisierte Innovationschancen und alternative Raumkonzepte bis hin zur Implementierung wertschätzender Schulleitungen und Peerberatung in Schulgemeinschaften aller Schularten. So sind sehr viele hoffnungsvolle Beispiele der Schulgestaltung und Neuausrichtung der Schulkultur entstanden, die Schulgründer, junge Bildungseinsteiger und frisch berufene Schulleitungen ebenso ermutigen können wie erfahrene Kolleginnen und Kollegen und alteingesessene Rektoren, unser Bildungssystem weiterzuentwickeln. Die Initiatoren solcher Entwicklungsprozesse sind in den Schulen nicht allein, sondern können auf Zuspruch, Begleitung und finanzielle Unterstützung hoffen. Burows Initiativen und Beispielschulen haben in den Kultusministerien, der Schulaufsicht, bei den Gemeindevertretern und in der gesamten Öffentlichkeit mittlerweile viel Rückenwind und Applaus erhalten, den man für die Entwicklung nutzen kann.

Es würde an dieser Stelle zu weit führen, Burows Gedanken ausführlich zu betrachten. Stattdessen haben wir uns entschieden, am Ende dieses Buches die Bedeutung der Positiven Pädagogik für die konstruktive Fehlerkultur zusammenzufassen, und haben Burow gebeten, einen wichtigen Bestandteil, den er Kreatives Feld nennt, im Anhang selbst darzustellen.

Dieser Ansatz und viele andere Beispiele sollen Sie, egal ob Sie Elternteil, Schüler, Lehrerin oder Schulleiterin sind, ermutigen, positive Veränderungsprozesse anzustoßen. Packen Sie es an! Schauen Sie nach den Best-Practice-Beispielen auf den Bildungsservern der Kultusministerien. Weder sind die dort beschriebenen Veränderungen durch Zufall vom Himmel gefallen noch waren die Umstände dort von Anfang an immer ganz einfach. Haben Sie den Mut, Teil der Veränderung und einer wünschenswerten Schul- und Fehlerkultur zu sein. In jeder dieser Beispielschulen hat die Entwicklung damit begonnen, dass es jemand gewagt hat, die ausgetretenen pädagogischen Pfade zu verlassen und mit positiver Haltung und Begeisterung die Veränderungen anzustoßen und mit Nachdruck zu verfolgen.

Da die Schule immer auch aus einer Gemeinschaft von Lehrenden und Lernenden besteht, sind die Möglichkeiten zur Entwicklung einer positiven Schulkultur und konstruktiven Fehlerkultur eng verknüpft mit der Entwicklung von Gruppen und mit einzelnen Personen der Schulgemeinschaft. Wir wollen deshalb jetzt noch einmal den Fokus auf die Beteiligten und ihre Möglichkeiten im Lehr- und Lernprozess richten. Dabei geht es nicht nur um die Haltungen und Einstellungen der Lehrkräfte und deren Veränderungspotenzial, sondern auch um die Förderung der Persönlichkeitsentwicklung von Schülerinnen und Schülern.

Mit dem Schulfach Glück haben wir seit 2007 versucht, das transformationale Bildungsverständnis der Positiven Pädagogik in einem Unterrichtsfach zu verwirklichen.

Durch die Innovationsbereitschaft des Kollegiums ist es in der Willy-Hellpach-Schule in Heidelberg gelungen, mit dem Schulfach Glück die Lern- und Lebensfreude der Schülerinnen und Schüler zu steigern und ihnen beim Aufbau ihres Gewächshauses der Persönlichkeit zu helfen. Dieser Beitrag zur Schulentwicklung war aber nur möglich, weil die Lehrerinnen und Lehrer dieser Schule bereit waren, sich durch ein erweitertes Professionsverständnis vom Fehlerfahnder zum Schatzsucher zu entwickeln. Um dieses Bildungskonzept auf viele andere Schulen im In- und Ausland zu übertragen, haben wir seit dieser Zeit begonnen, Weiterbildungskurse für pädagogische Gewächshausexpertinnen und -experten durchzuführen.

Aufgrund der positiven Erfahrungen und gestützt durch wissenschaftliche Begleituntersuchungen, Studien und Forschungsarbeiten und durch die Anerkennung vieler privater und öffentlicher Träger konnte sich das Konzept weiterentwickeln und verbreiten.

In mittlerweile 20 verschiedenen Standorten und mit mehr als einem Dutzend Lehrtrainern haben wir unser Konzept an über 2000 Lehrerinnen und Lehrer weitergegeben und an über 300 Schulen im In- und Ausland das Schulfach Glück implementieren können. Seit seinem Beginn haben sich aus diesem Projekt evidenzbasierte Weiterbildungen für unterschiedliche Kontexte entwickelt. Für Institutionen aller Altersgruppen und für verschiedene Bereiche, angefangen vom Kindergarten über Grundschulen, alle Formen der weiterführenden und berufsbildenden Schulen, Hochschulen und Unternehmen, werden Kurse für Pädagoginnen und Pädagogen, Eltern und Personalentwickler angeboten.

Persönlichkeitsentwicklung für Profis: Ein Kurs für Gewächshausexperten

In unseren Weiterbildungen werden die Teilnehmenden innerhalb eines Jahres theoretisch, praktisch und in Selbsterfahrung mit dem Bau des Gewächshauses vertraut gemacht. Damit sie die weiter oben beschriebenen Anforderungen eines Gewächshausexperten erfüllen können, werden sie dabei nicht nur mit breiten theoretischen Grundlagen versorgt, sondern auch mit einer Vielzahl verschiedener Übungen konfrontiert, um sich auch selbst zu erfahren und zu entwickeln. Mit dem so erworbenen Professionsverständnis, verbunden mit vielseitigen Kompetenzen, können die Teilnehmenden dann für ihre Kontexte wie Altersstufen, Gruppenkonstellationen, Schulformen und Zeiträume und mit ihrem persönlichen Stil die passenden Methoden und Sozialformen auswählen, um ihre Erkenntnisse an die Zielgruppen weiterzugeben. Diese freie, nie exakt vorgeschriebene, aber methodisch strukturierte und transformationale Herangehensweise hat deshalb nicht nur im Schulbereich, sondern auch bei der Arbeit mit Menschen in allen Kontexten zu großen Erfolgen geführt. Sie stärkt die seelische Gesundheit der Teilnehmenden und führt zur Erkenntnis, dass die nachhaltige Wissensvermittlung nur gelingen kann, wenn zugleich auch die Selbstbildung gefördert wird.

Mehr darüber kann man zum Beispiel nachlesen bei: Ernst Fritz-Schubert – Lernziel Wohlbefinden.

Die umfassende Darstellung der Inhalte unserer vielfältigen Weiterbildungen würde den Rahmen dieses Buches sprengen. Dennoch wollen wir im letzten Teil des Buches wenigstens in komprimierter Form aufzeigen, wie durch das Handlungskonzept Lernziel Wohlbefinden bei den Schülerinnen und Schülern die Voraussetzungen für den Aufbau eines Gewächshauses der Persönlichkeit geschaffen werden können. Danach suchen wir nach Antworten, wie Grundhaltungen im Sinne der transformationalen Bildung für Lehrpersonen erworben werden, damit sie junge Menschen beim Aufbau und der Stärkung ihrer Persönlichkeit, ihres individuellen Gewächshauses, unterstützen können.

Das Lernziel Wohlbefinden als Grundlage für den Aufbau eines Gewächshauses der Persönlichkeit

Das Lernziel Wohlbefinden mit dem Schulfach Glück soll dazu beitragen, dass junge Menschen ihre Grundbedürfnisse nach Freiheit, Sicherheit und Sinn durch eine starke Selbstkompetenz, einen stabilen Selbstwert und durch ein tragfähiges Selbstkonzept erfüllen können und dabei seelisch gesund bleiben. Der themengeleitete und handlungsorientierte Unterricht soll die Grundlage bilden, eigene Werte und Haltungen zu entwickeln und diese in Einklang zu bringen, damit junge Menschen zu mündigen Mitgliedern der Gesellschaft und Gestalter eines gelingenden Lebens reifen.

Der Unterricht beginnt mit der Entdeckung ihrer eigenen, familiären und von der Kultur geprägten Stärken. Ausgehend von diesen Stärken sollen sie eine Orientierung im Leben und im Lernen finden, Ziele formulieren und diese realisieren. Der Unterricht ist so gestaltet, dass die Schülerinnen und Schüler einen gemeinsamen Weg zurücklegen, der sie zu einer Weiterentwicklung ihrer Persönlichkeit, dem stabilen Gewächshaus führen soll. Auf diesem Weg kann jede und jeder für sich in einem Selbstprozess die eigenen Stärken und Schwächen erkunden, seine eigenen und fremde Grenzen erfahren und diese in Beziehung zu seinen Mitmenschen, der Gesellschaft und der Natur setzen. Die dafür notwendige Prozess- und Handlungsorientierung spiegelt sich in der Struktur des Curriculums als Phasenmodell wider. Die Aspekte der Persönlichkeitsbildung finden sich in der inhaltlichen Ausgestaltung der verschiedenen Phasen wieder.

Insgesamt werden sechs Phasen im Unterricht des Schulfach Glück unterschieden.

Zu Beginn des Glücksunterrichts wird herausgearbeitet, warum die eigene Entwicklung und der Aufbau tragfähiger Beziehungen für die seelische Gesundheit und das Wohlbefinden so wichtig sind. Die Schülerinnen und Schüler sollen dadurch erfahren, wie wichtig die Beschäftigung mit dem Thema Persönlichkeit und Wohlbefinden ist. Insbesondere sollen sie erkennen, warum es sich wirklich lohnt, daran zu arbeiten.

Danach werden die bisherigen Lebenswege und dabei schon erworbenen Ressourcen betrachtet. Die Schüler machen sich so ihre Stärken strukturiert bewusst und lernen, diese frei von schulischem Leistungsbezug anzunehmen. Sie erkennen ihre besonderen Fähigkeiten und erfassen gemeinsam die Erfahrungen und Geschichten, die zum Erwerb dieser Fähigkeit geführt haben. Sie ermitteln spielerisch ihre Charakterstärken und besonderen Eigenschaften und beschäftigen sich mit ihren Schwächen. Die Lernenden erkunden ihre eigenen Grundbedürfnisse und lernen, Emotionen als Signale für die Erfüllung bzw. Nichterfüllung zu verstehen.

Damit erhalten die Schülerinnen und Schüler Vokabular und Verständnis für ihre eigene Geschichte und ihren eigenen Wert. Dies beantwortet die Fragen »Wer bin ich?« und »Was brauche ich?«.

Diese Erkenntnisse stärken ihre Selbstachtung und stabilisieren ihren Selbstwert. Damit wird auch eine der Grundlagen der konstruktiven Fehlerkultur geschaffen, weil die Lernenden sich frei von Angst vor Demütigung sicher fühlen und dadurch angeregt werden, sich der Klassengemeinschaft auch beim Holpern und Stolpern zu zeigen und mitzuteilen. In dieser Phase wächst das Vertrauen jedes Einzelnen zur Gemeinschaft und die individuelle Verantwortung für die gemeinsame Lernumgebung.

Modul 2 – Visionen

In der Visionsphase richtet sich der Blick auf die Zukunft. Die Schülerinnen und Schüler entdecken die »Attraktivität« der Zukunft und erkennen den Zusammenhang zwischen dem hoffnungsvollen Blick in die Zukunft und ihrem Motivationsgefühl. Sie erfahren, warum wir uns die Zukunft nicht unbedingt frei vorstellen können und eventuell in Pfadabhängigkeiten gefangen sind, weil wir durch Antreiber, Glaubenssätze und eine resignative Haltung gebremst werden. Die Lernenden erleben, wie einschränkende Perspektiven spielerisch überwunden werden können und sich dadurch der Visionshorizont erweitern lässt. Im Sinne der konstruktiven Fehlerkultur wird ihnen in dieser Phase bewusst, wie wichtig eine spielerische und ausprobierende Haltung für die eigene Entwicklung ist. Sie lernen respektvoll und wertschätzend die Visionen ihrer Mitschülerinnen wahrzunehmen, sie zu akzeptieren und einen Resonanzraum zu gestalten.

Nachdem die Schülerinnen und Schüler ihre Stärken, Schwächen und ihre bedürfnisorientierten Visionen kennengelernt haben, beschäftigen sie sich anschließend mit den Strukturen menschlichen Denkens.

Sie erkunden die Möglichkeiten, die sich aus Kognition und Intuition ergeben. Sie lernen »schnelles Denken und langsames Denken« als zwei Systeme kennen, die unser Denken und letztlich auch unser Handeln bestimmen (Kahneman, 2012). Dabei operiert das erste System intuitiv und erfordert wenig Energie, das zweite funktioniert auf einer bewussten Ebene und verlangt viel mehr Anstrengung. Im Kontext mit der konstruktiven Fehlerkultur erleben sie durch spielerische Übungen, wie die uns angeborene »Faulheit« des Gehirns Abkürzungen wählt, die mitunter in die Irre führen. Ihnen wird dadurch auch bewusst, dass Fehler oftmals dadurch entstehen, weil wir zu viel Vertrauen in die schnellen Antworten unseres Gehirns haben. Daraus folgt, dass sich Fehler vermeiden lassen, wenn diese schnellen Antworten kritisch hinterfragt werden. Allerdings können auch mühevoll und langsam kognitiv erarbeitete Antworten zu falschen Entscheidungen führen. Hier zeigen die Gefühle die Harmonie oder den Widerspruch zum Selbstkonzept. Die Teilnehmenden erleben deshalb an praktischen Beispielen, wie durch Befangenheit, Neigungen und Vorurteile kognitive Verzerrungen (Bias) entstehen und warum man hadert und zweifelt, wenn eine Entscheidung nicht mit den Grund- und Wachstumsbedürfnissen getroffen wird. Dadurch wird den Lernenden klar, warum es so wichtig ist, dass die Richtung, in der die Selbst-Geschichte weitererzählt werden soll, vom ganzen Selbst, seinem Wert, seinem Konzept und seiner Kompetenz Zustimmung bekommen muss und was das mit den persönlichen und allgemeinen Werten zu tun hat.

Als Nächstes wird auf der Arbeit der Visionsphase basierend eine Vielzahl an möglichen Ideen für die »Weitererzählung« der eigenen Geschichte erarbeitet. Und in einem ganzheitlichen und wertebasierten Prozess wird dann aus diesen Möglichkeiten für jeden einzelnen Schüler ein Entwicklungsziel für die Zukunft erarbeitet und als »Herzenswunsch« verankert. Dies beantwortet dann auch die Frage »Was will ich?« und konkretisiert und stabilisiert das Selbstkonzept. Die Erkenntnisse helfen auch zu verstehen, was der »Kitt« und wo »Oben« im eigenen Gewächshaus ist.

Modul 4 – Planen

In der Planungsphase fragen sich die Teilnehmerinnen und Teilnehmer, wie sie von der Vergangenheit, die sie im Laufe des Kurses als Erfahrungslernen erfassen konnten, in die von ihnen gewählte Zukunft durch exploratives (entdeckendes) Lernen kommen. Was für Hindernisse werden dort im Weg liegen? Vor allem erkunden sie, wie sich diese Hindernisse in Herausforderungen verwandeln lassen und wie Probleme im Vorfeld durch gute Planungen lösbar sind.

»Was kann ich?« ist die Frage, mit deren Beantwortung hier begonnen wird. Was kann also ganz konkret getan werden, wenn man auf das bekannte Hindernis trifft, das den Weg zur Erfüllung des konkreten Wunsches versperrt? Bei der Frage, welche Ressourcen dazu nötig sind, wird auf die bereits erarbeiteten Stärken (Charakterstärken, Fähigkeiten und Eigenschaften) aus den vorangegangenen Phasen zurückgegriffen. Das stärkt einerseits das Vertrauen, die äußeren sachlichen und organisatorischen Herausforderungen handhaben zu können.

Andererseits trägt es dazu bei, die inneren Herausforderungen im eigenen Selbst und Selbstmanagement zu erkennen und sie von den Herausforderungen im sozialen Umfeld zu unterscheiden. Zudem wird Wichtiges von Unwichtigem getrennt und Erfolg an den positiven Emotionen und der Weiterentwicklung des Selbst erkannt. Das erleichtert die Relativierung des Erfolgs von den zählbaren und messbaren Größen wie Geld, Papieren, Körpergewicht, Social-Media-Likes.

Modul 5 – Umsetzen

In der Umsetzungsphase wird das Verständnis für das Kompetenzdreieck ergänzt und vervollständigt. Nicht alle Herausforderungen der Zukunft lassen sich planen. Zufälle, Probleme und unvorhersehbare Einschränkungen können die gesunde Zielerreichung gefährden und zum Innehalten oder Umkehren veranlassen. Außerdem können zusätzliche Herausforderungen auftauchen, die mit dem Entwicklungsziel nur indirekt oder gar nichts zu tun haben, aber auch bewältigt werden müssen. In dieser Phase erfolgt deshalb auch die Beschäftigung mit der Trias Kommunikation, Gruppendynamik und Selbstfürsorge, damit durch die Stärkung der Selbstkompetenz sich sowohl die Sach- und Methodenkompetenz als auch die Sozialkompetenz weiterentwickeln können.

In der letzten Phase schließt sich der Kreislauf. Aufgrund der Erfahrungen aus der Umsetzung werden nun zwei Wege zum Erfolg unterschieden: entweder gesund das Ziel zu erreichen oder kompetent zu scheitern. Beide Wege sind eng mit der konstruktiven Fehlerkultur verbunden. Auch hier wird noch einmal deutlich, dass es nicht darauf ankommt, das Ziel irgendwie und mit irgendwelchen Hilfsmitteln zu erreichen, sondern sich auch klarzumachen, wie das Ziel erreicht wurde. Wurde das Ziel wirklich gesund erreicht oder wurde der Erfolg mit seelischer oder körperlicher Beeinträchtigung erkämpft? Vielleicht kann das kompetente Scheitern, die Nichterreichung des Zieles, ein Erfolg sein, weil man sich zum Beispiel standhaft gegenüber unlautereren Mitteln gewehrt hat und sich und seinen Werten treu geblieben ist. Vielleicht wurde zum Schutz der eigenen Gesundheit der Prozess abgebrochen oder weil man einfach gelernt hat, es beim nächsten Mal besser zu machen.

In der Metaphorik des Gewächshauses wird erlernt, eine Herausforderung rational und emotional gründlich zu betrachten und sich über das Wachstum zu freuen. Außerdem geht es darum, mögliche instabile Seiten oder gefährdete Verbindungselemente zu erkennen und zu reparieren. Die aktuelle Pflanze der Entwicklung trägt nun Früchte, die in gemachten Erfahrungen und Erinnerungen konkretisiert werden können. Beladen mit der Ernte, mit den süßen und bitteren Früchten, getrennt vom Unkraut und den giftigen Pflanzen, können die Entwicklungsprozesse gut abgeschlossen werden. Denn diese Früchte und die gefundenen Schätze werden zugleich auch Ressourcen und stehen für die Herausforderungen der nächsten Wachstumsphase zur Verfügung. Als innerer Reichtum, als neue Stärken und Eigenschaften, als neue oder ergänzende Visionen ermutigen sie, auch holprige und steinige Wege in Kauf zu nehmen. Natürlich kann man dabei manchmal durch Fehler, Irrtümer oder Schicksalsschläge holpern, stolpern und vielleicht auch stürzen, aber man kann selbst entscheiden aufzustehen und in die gleiche oder in eine andere Richtung weiterzulaufen und weiterzukommen.

Innerhalb dieser sechs Phasen werden den Teilnehmenden unserer Weiterbildungen auch fünf Grundhaltungen vermittelt. Sie sind verbunden mit vier Fragen und drei erklärenden Modellen, um zwei Wege aufzuzeigen, die letztlich zu einem Prinzip führen. Die dazu gehörenden Gedanken sind in den Text verschiedentlich schon eingeflossen. Wir hoffen deshalb, dass die Inhalte und Strukturen nun verständlich sind und der Zusammenhang mit der konstruktiven Fehlerkultur für Sie, liebe Leserinnen und Leser, nachvollziehbar ist.

Die fünf Grundhaltungen

Wir nennen diese Haltungen auch die spielerischen Grundhaltungen:

1. Gib einen Raum, der nicht leer ist

Keine Entwicklung und Veränderung findet statt, wenn es dafür keinen Raum gibt. Diesen Raum aufzumachen heißt:
Aufmerksamkeit und Achtsamkeit für mein Gegenüber zu erbringen, mich nicht ablenken zu lassen und nicht zu glauben, dass sich Herausforderungen und Entwicklungen nebenher lösen lassen.

Es ist aber auch ein Raum in meinem Kalender, also eine Zeit, die ich zur Verfügung stelle – Zeit für Beratung oder das Schaffen von Freiräumen auf dem Stundenplan, beispielsweise für die innovative Schulentwicklung, etwa für das Lernziel Wohlbefinden.

Nur einen einzigen Raum aufzumachen, kann manchmal sehr überfordernd sein, deshalb ist es sinnvoll, Methoden als Angebote mitzubringen, die uns helfen können, mit den Themen in Kontakt zu kommen. Auch ist es oft eine Frage der Reflexion, ob man gerade Räume und Angebote eröffnet und konstruiert oder diese gerade zerstört.

Konstruktive Fehlerkultur eröffnet den Raum, der nicht leer ist. Durch entstandene Fehler können in diesem Raum neue Möglichkeiten entstehen. Destruktive Fehlerkultur verschließt dagegen diesen Raum der neuen Möglichkeiten.

2. Prozessverantwortlich, nicht ergebnisfixiert

Haben wir gemeinsame Räume und Angebote geschaffen, dann kann ein Prozess beginnen. Vielleicht ist dieser Prozess anstrengend, aber er sollte nie nur auf das Ergebnis ausgerichtet werden. Die Fixierung auf das Ergebnis kann einen inneren Druck erzeugen, dieses Ziel unter allen Umständen zu erreichen und so den für die Zielerreichung notwendigen Prozess behindern. Das kann auch zum Verlust der eigenen Kompetenzen und flexiblen Reaktionen führen. In der Verzweiflung klammere ich mich an vermeintlichen »Krücken«, Strukturen, Reproduktionen und vielleicht unerlaubten Hilfsmitteln fest, anstatt mich zu fragen: »Trage ich gerade etwas zum Prozess bei oder nicht?« und »Was könnte ich tatsächlich zum Prozess beitragen?«.

Auch in der Fehlerkultur kann das falsche Ergebnis angeprangert und abgewertet werden und das richtige als einzige Messgröße für den Erfolg erhoben werden. Der perfektionistische Anspruch und der Versuch, das »richtige« Ergebnis mit Gewalt und Druck zu erzeugen, ist destruktiv. Denn auch Fehler können zum gelingenden Prozess beitragen, der das gute Ergebnis am Ende erst ermöglicht. Das setzt voraus, dass sich die Lehrkraft als Person zurücknimmt und sich stattdessen fragt, wie sie den Lernprozess unterstützen kann. Kompetenz ist, wie gesagt, mehr als Wissen und entsteht als Erfahrung im Handlungsprozess.

3. Vom Erdulder zum Gestalter

Diese hilfreiche Neuformulierung der systemisch-konstruktivistischen Lösungsorientierung wurde bereits mehrfach erwähnt und sie begleitet das Lernziel Wohlbefinden von Beginn an. Sie soll dazu anregen, Räume und Angebote zu nutzen, Prozesse zu wagen und zu gestalten, einschließlich der Bereitschaft, Veränderungen in Gang zu setzen und weiterzuentwickeln. Dazu gehören auch die Entdeckung und Erfahrung, wie ich selbst mit und an den gestellten Aufgaben wachsen kann; und dass es eine Vielzahl von Menschen und Dingen gibt, die mir dabei helfen können. Ohne zu wissen, was ich gestalten will und wie ich die Herausforderung anpacke, kann das allerdings nicht gelingen. Es hilft nicht, beim Holpern, Stolpern und Stürzen liegen zu bleiben und so die Hilflosigkeit zu erlernen. Auch ist es nicht hilfreich, die Herausforderungen und Umstände, die es im Leben gibt, als unüberwindliche Hindernisse darzustellen und mir selbst einzureden und Gründe zu suchen, warum es nicht geht. Wie sehr das Gestalten und die Konstruktion des Gewächshauses zusammenhängen, wurde bereits dargestellt. Auf die Fehlerkultur bezogen, ging es im Kern immer darum, wie die destruktive Kultur diese Hilflosigkeit und den Erdulder in uns fördert und wie die konstruktive Herangehensweise im Umgang mit Fehlern den Gestalter stärkt.

4. Vom Fehlerfahnder zum Schatzsucher

Auch diese Formulierung entspringt der systemisch-konstruktivistischen Idee der Ressourcenorientierung und ist ebenfalls schon lange Teil von Lernziel Wohlbefinden. Geöffnete Räume können sich verschließen und gemachte Angebote gehen verloren, wenn wir den Fokus nur auf das legen, was sich schwer, schwierig, hässlich und problematisch anfühlt. Wenn wir also das Augenmerk nur auf die Fehler richten, verstellt sich der Blick auf die dahinterstehenden Ressourcen. Dadurch werden mögliche Entwicklungsprozesse gestoppt oder unterbrochen und Gestaltungsmöglichkeiten verhindert. Im Prinzip geht es darum, seinen Fokus bewusst auch auf das zu legen, was gut ist. Anstatt unentwegt Defizite, Mängel und Probleme hervorzuheben ist es besser, danach Ausschau zu halten, was Menschen Gutes vollbringen und Positives und Schönes beitragen – was an den Situationen, in denen man sich befindet, bereichernd sein kann, und natürlich auch, welche Schätze in den Fehlern liegen, die wir alle machen.

Der Grundsatz »vom Fehlerfahnder und Schatzsucher« trifft den Kern unserer Überlegungen, denn die geforderte Haltung beschreibt sehr kompakt, was den Unterschied zwischen destruktiver und konstruktiver Fehlerkultur ausmacht.

5. »You don't know the Story« – Du kennst die Geschichte nicht!

Wenn uns Menschen begegnen, kennen wir nicht vollständig die Geschichten, die zu ihnen gehören und die sie sich selbst erzählen. Wir überblicken auch nicht umfassend, wie die von uns Lernbegleitern initiierten Entwicklungsprozesse von ihnen weitererzählt werden. Wir wissen noch nicht einmal genau, wie unsere eigene

Geschichte am nächsten Tag, in der nächsten Woche oder in der weiter entfernt liegenden Zukunft von uns selbst weitererzählt wird.

Es lohnt sich deshalb, immer wieder sich und andere zu fragen, was sich hinter der Geschichte, der Selbsterzählung, verbirgt und wie die Geschichte weitererzählt werden könnte.

Vier Fragen

Das Hinterfragen betrifft nicht nur die Geschichten, die sich hinter den Fehlern befinden, dem »Warum – wie kam es zu dem Fehler?«, sondern berücksichtigt auch die möglichen Konsequenzen für die Erfüllung bzw. Nichterfüllung der Grund- und Wachstumsbedürfnisse. Um das herauszufinden, bedarf es Antworten auf die jeden Menschen betreffenden existenziellen Fragen. Es bedarf Antworten auf die vier bereits im Buch eingeführten Fragen »Was brauche ich?«, »Wer bin ich?«, »Was will ich?« und »Was kann ich?«. Diese Fragen begründen die vier Seiten des Gewächshauses der Persönlichkeit und sind in die beschriebenen Phasen eingebettet.

Zu diesem Verständnis von Bildung gehört deshalb, dass die Schule den Kindern und Jugendlichen nicht nur vorgefertigte Antworten mit auf den Lebensweg gibt, sondern sie ermuntert, die Menschen und Dinge, die ihnen begegnen, zu hinterfragen. Dabei muss ihnen bewusst werden, dass die einmal gefundenen und ausprobierten Antworten nicht unveränderbar in Stein gemeißelt sind. Vielmehr veranlassen sie dynamische und kontinuierliche Suchprozesse, die immer weitergehende Fragen auslösen. Unser erklärtes Ziel ist, junge Menschen zu ermutigen, sich und anderen diese Fragen zu stellen und für sich und gemeinsam nach Antworten zu suchen. Das betrifft ihre Familie, Freunde und Mitschülerinnen und natürlich auch alle anderen Menschen, die sie begleiten und zum Wachsen ermutigen können.

Drei Modelle

Neben dem ausführlich weiter oben beschriebenen Gewächshaus, dem Tetraeder-Modell, versuchen wir mit zwei weiteren Modellen die Prozesse der Selbstbildung und Selbstentwicklung zu veranschaulichen. Mit dem Resonanzwürfel soll das harmonische Zusammenspiel zwischen Resonanz, Akzeptanz, Relevanz, Freiheit, Sicherheit und Sinn verdeutlicht werden. Die Wertekugel verbildlicht, wie Werteorientierung funktioniert, wie sich konstruktive von destruktiven Entwicklungen unterscheiden und wie Irrwege korrigiert werden können.

Unsere Modelle, deren ausführliche Beschreibung den Rahmen dieses Buches sprengen würden, dienen zur Orientierung und Strukturierung bei den pädagogischen Fragestellungen. Sie begründen unsere Vorgehensweise und zeigen die Zusammenhänge zwischen den verschiedenen psychologischen Theorien und Richtungen auf. Für die interessierten Leserinnen und Leser finden sich in unserer Literaturliste viele Hinweise für die vertiefende Auseinandersetzung mit den Hintergründen und Modellen sowie den Überschneidungen und Ergänzungen zur konstruktiven Fehlerkultur.

Zwei Wege zum Erfolg

Für die Persönlichkeitsentwicklung führen grundsätzlich zwei Wege zum Erfolg. Entweder das selbstbestimmte Entwicklungsziel, wir nennen es den Herzenswunsch, gesund zu erreichen oder kompetent daran zu scheitern.

Gesund erreichen heißt im Sinne der konstruktiven Fehlerkultur am Ziel anzukommen, den Weg geschafft zu haben, ohne den physischen Körper oder das psychische Selbst zu beeinträchtigen oder zu beschädigen. Idealerweise werden dadurch Körper und Geist gestärkt. Wenn diese Voraussetzungen nicht oder nicht mehr erfüllbar sind, gilt es die auftretenden negativen Emotionen richtig zu deuten und durch die Reflexion zu erkunden, ob das Ziel bzw. der Weg dahin den Körper oder das Selbst beeinträchtigen. In solchen Fällen muss der eigene Entwicklungsprozess unterbrochen werden, um sich den Fehler, den Misserfolg oder das Scheitern erst einmal bewusst zu machen, um dann über den konstruktiven Fortgang, Abbruch oder Neubeginn kompetent entscheiden zu können. Metaphorisch gesehen, wird das Gewächshaus in Ruhe betrachtet, um es anschließend wieder in Stand zu setzen, zu stabilisieren oder gegebenenfalls zu erweitern. Bei diesem Gestaltungsprozess können sich neue Wege zum gleichen Ziel oder zu neuen Zielen auftun. In allen Fällen wird die Beziehung zu sich selbst intensiviert und die Entwicklung der Persönlichkeit gefördert.

Ein Prinzip – Gesund und glücklich leben

Folgt man den Gedanken des griechischen Philosophen Aristoteles, so ist das letzte Ziel menschlichen Handelns das Streben nach Glück. Die Logik dieser Aussage gilt trotz aller Wirrungen und Irrungen der Menschheit bis heute. Bildung und Persönlichkeitsentwicklung muss deshalb am Ende immer darauf ausgerichtet sein, gesund und glücklich zu leben.

Liebe Leserinnen und Leser, die Lebenszeit ist, wie die Seiten dieses Buches, begrenzt. Wir gehen Wege, an deren Ende wir unsere Erinnerungen und Erfahrungen als Früchte ernten und aus denen unsere Selbsterzählung, unsere Geschichte, entsteht. Die Vollendung der Geschichte ergibt sich erst am Ende des Lebens. Sich destruktiv an Fehlern, Misserfolgen oder Schicksalsschlägen der Vergangenheit aufzureiben oder zu verzweifeln, dem niemals Probierten nachzutrauern und die eigene Entwicklung und das Leben nie gestaltet zu haben, aus Angst davor, etwas falsch zu machen oder den Erwartungen nicht zu entsprechen oder negativ bewertet zu werden, ist deshalb kein gutes »Investment« für die eigene begrenzte Lebenszeit.

Die destruktive Herangehensweise an Fehler kann somit auch keine gute Idee für die Bildung der jungen Menschen und damit die Bildung der Zukunft sein. Wir sollten die Kultur der Schule so ändern, dass sie in der Schule lernen können, diese einschränkenden destruktiven Vorbehalte zu überwinden, um sich selbst zu entfalten. Welche Möglichkeiten ergäben sich für die Kinder und Jugendlichen und unsere Gesellschaft, wenn sie ermutigt würden, ihre Entwicklungsschritte, auch wenn sie anfänglich mit Holpern und Stolpern verbunden sind, wirklich zu wagen? Wie gut könnten sie gedeihen und wachsen, wenn helfende und konstruktive Gewächshausexpertinnen und -experten sie begleiten, ihre Stärken erkennen, sie fördern und dazu beitragen, ihre inneren Schätze zu entdecken? Was könnte aus ihnen werden, wenn sie die Schule anregen würde, neue Wege zu gehen, sich auszuprobieren und neue Beziehungen zuzulassen, ohne die lähmende Furcht vor dem Scheitern?

Wodurch würden sich Pädagoginnen und Pädagogen als stärkende Begleiter und Schatzsucher von den destruktiven Fehlerfahndern unterscheiden? Wie würden sich die durch konstruktive schulische Bildung gereiften und mündigen Menschen von den angepassten Erduldern abgrenzen, wenn sie so auf ein Leben als Gestalter vorbereitet würden? Wie viele negative Gefühle, Ängste, depressive Stimmungen und Aggressionen ließen sich dadurch vermeiden und wie viel weniger verpasste Bildungschancen müssten wir beklagen, wenn wir die Schule als einen Ort des guten Gedeihens und Wachstums begriffen und sie nicht mehr als Qualifizierungsanstalt instrumentalisierten?

Ist es für uns alle nicht besser, unsere begrenzte Lebenszeit dafür zu nutzen, viele Schätze zu bergen und dazu beizutragen, dass diese Früchte wachsen und gut gedeihen? Ist es nicht auch besser, diese dann mit guten Gefühlen zu betrachten, ohne bitteren Bei- und Nachgeschmack?

Dann gleicht die Lebenszeit einer Schatztruhe, die gefüllt wurde von einem reichhaltigen Schatz an guten Erfahrungen und Erinnerungen, die man in sich trägt. Wäre es nicht beglückend, so auf das eigene Leben zu blicken, auf die Entwicklungen und Beziehungen, die man bewirkt hat, auf die Person, die man dabei war und die Persönlichkeit, die daraus entstanden ist; und wäre es nicht erfüllend, diese Persönlichkeit auch wirklich wertvoll und liebenswert zu finden?

Vielleicht gelang es sogar, diese Schätze nicht nur sich, sondern auch anderen zugänglich zu machen, damit die eigenen Geschichten als Erfahrungen auf andere übergehen und dadurch den eigenen Weg überdauern können. Dann kann man am Ende vielleicht auch die Schatztruhe schließen und den Schlüssel zur Truhe beruhigt und zufrieden weitergeben, damit auch andere weiterkommen.

Anhang

Da wir vor einigen Jahren gemeinsam mit dem Erziehungswissenschaftler Olaf-Axel Burow den Dachverband für Positive Pädagogik gegründet haben, ergänzen wir unsere Ausführungen durch eine kurze Beschreibung des von unserem Freund und Förderer Burow entwickelten Konzeptes. Insbesondere wollen wir dabei auch die Zusammenhänge und Überschneidungen zur konstruktiven Fehlerkultur aufzeigen.

Die Positive Pädagogik als Grundlage der konstruktiven Fehlerkultur

Die Positive Pädagogik ruht in Anlehnung an die Positive Psychologie auf drei Säulen: dem positiven Erleben, den positiven Eigenschaften (Charakterstärken) und den positiven Institutionen bzw. den Kreativen Feldern, die in besonderer Weise die Potenzialentwicklung von Einzelnen und Gruppen fördern.

Wie kann die Schule zum positiven Erleben beitragen?

Die Schule hat laut Kultusministerkonferenz einen auf Persönlichkeitsentwicklung und Weltorientierung abzielenden Bildungsauftrag, der in besonderer Weise die Potenzialentwicklung von Einzelnen und Gruppen unterstützen soll. Der Göttinger Hirnforscher Gerald Hüther hat für dieses Verständnis nachhaltiger Gesellschaftsentwicklung den Begriff der »Potenzialentwicklungsgesellschaft« gefunden. Er meint damit, dass der neue Kontinent, den es zu entdecken gilt, in uns selbst liegt – freilich nicht im Sinne der (Selbst-)Ausbeutung, sondern als Freisetzung bislang unerschlossener Potenziale. Damit formuliert er eine Vision zukünftiger Bildung, die sich von der einseitigen Konzentration auf die Eroberung des Außen abwendet und einen Perspektivenwechsel auf die Entfaltung innerer Potenziale vornimmt.

Lernen und Potenzialentfaltung, das passt nur zusammen, wenn das Lernen ganz bewusst mit einem Gefühl der Lust als eine tief befriedigende und den eigenen Horizont erweiternde Tätigkeit erlebt werden kann. Das gilt für Kinder und Erwachsene gleichermaßen. Was muss also Schule den Kindern und Jugendlichen geben, damit sie mit Freude lernen?

Das gelingt sicherlich nicht in Schulhäusern, die im Stil preußischen Kasernen nachempfunden wurden, mit langgezogenen Behördenfluren und auf Frontalunterricht ausgerichteten Klassenzimmern. Wenn man bedenkt, dass Kinder und Jugendliche in einer freien Umgebung einen Großteil ihres Wissens und ihrer Fähigkeiten ohne systematische Unterrichtung informell lernen, könnte man die provokante Frage stellen: Brauchen wir überhaupt noch die Institution Schule in ihrer tradierten Form? Statt immer mehr zu regeln und formalisieren, sollten deshalb mehr Freiräume für selbstbestimmtes Lernen geschaffen werden. In diesem Begriff wird der Ruf nach mehr Selbstbildung in der Schule noch einmal deutlich. Aber was bedeuten diese hehren Ziele für die tägliche Unterrichtspraxis im Umgang mit Fehlern?

Das Konzept des selbstbestimmten Lernens, wie es auch in der Reformpädagogik beschrieben wird, beruht auf dem Grundsatz, dass Schülerinnen und Schüler allein bestimmen können, was, wann, wie, wo und mit wem sie lernen wollen. Selbstbestimmtes Lernen erfordert demnach auch Selbstorganisation und Selbstregulation.

Hinter diesem Konzept steht der Gedanke, dass alle Menschen von sich aus gern lernen, weil sie neugierig sind und sich weiterentwickeln wollen. Zusätzlich wünschen sie sich eine Umgebung von Menschen, die sie mögen, ihnen vertrauen und ihnen Verantwortung übertragen.

Das klingt zunächst nach einer Überforderung der jungen Menschen, die je nach Alter nur eingeschränkt in der Lage sein dürften, die wichtigen und zum Teil zukunftsträchtigen Entscheidungen wirklich allein zu treffen.

Deshalb brauchen Kinder und Jugendliche Eltern und Lehrkräfte, die sich als wertschätzende Begleiter im Lernprozess verstehen. In der Schule brauchen sie Menschen, die sie weniger belehren, bewerten und bestimmen, sondern ihnen helfen, sie stärken und den Prozess der Selbstbildung begünstigen.

Demnach geht es nicht darum, den Schülerinnen und Schülern Wissen nur zu vermitteln, sondern die Lernenden initiativ, inspirativ und kreativ herauszufordern, damit sie sich mit den Lerninhalten überhaupt auseinandersetzen wollen.

Dazu muss es den Lehrenden gelingen, die Lernenden zwar extrinsisch zu motivieren, aber sie selbstbestimmt handeln zu lassen und damit auch ihre intrinsische Motivation der Neugier, lernen zu wollen, zu fördern. Selbstbestimmtes Handeln funktioniert aber nicht, wie wir am Beispiel von Clara gesehen haben, durch Belohnung und Bestrafung oder durch den Erwartungsdruck der Schule oder des Elternhauses, sondern durch Identifikation mit den Lerninhalten und der Integration der mit ihnen verbundenen Werte.

Ressourcenorientierung – die Stärkung positiver Eigenschaften

Leider schützt ein noch so großer Schatz von Erfahrungen und Erkenntnissen nicht immer vor Pleiten, Pech und Pannen und dramatischen Schicksalsschlägen. Es ist aber wichtig, dass frühzeitig gelernt wird, sich selbst und anderen zu vertrauen, sich auf seine Stärken zu besinnen und nach Niederlagen und Niederschlägen wieder aufzustehen. Diese wichtige Ressource wird als Resilienz bezeichnet.

Der Begriff stammt ursprünglich aus der Materialwirtschaft und meint die Widerstandskraft des Werkstoffes gegen Einflüsse von außen. In der Psychologie versteht man unter Resilienz die psychische Widerstandsfähigkeit wie Stressresistenz und psychische Robustheit gegenüber den vielfältigen Herausforderungen und Belastungen des Lebens. Als bahnbrechend auf diesem Gebiet gelten die Forschungen von Emmy Werner und Ruth Smith (Werner, 1995). Sie führten auf der hawaiianischen Insel Kauai eine Langzeitstudie über 40 Jahre mit 700 Kindern, alle Geburtsjahrgang 1955, durch. 30 Prozent der Kinder lebten in Familien mit schwierigen Verhältnissen mit den damals bedeutsamen Risikofaktoren für ihre Entwicklung wie Alkohol, Armut, Gewalt oder Trennung der Eltern. Das Ergebnis der Längsschnittuntersuchung der mittlerweile zu Erwachsenen gereiften Personen war erstaunlich: Etwa 70 bis 80 dieser Kinder entwickelten sich trotz der widrigen Umstände sehr gut, zum Teil besser als die Kinder, die ohne diese Risikofaktoren aufwuchsen. In allen Phasen ihrer Entwicklung waren diese Kinder liebevoller, kontaktfreudiger und fröhlicher als die nicht resilienten Kinder. Sie verfügten über ein höheres Maß an Selbstbewusstsein und Selbstständigkeit und waren zu jeder Zeit unabhängig von Begabungsvoraussetzungen in der Lage, ihre Ressourcen im Sinne der Problemlösungsfähigkeit besser zu nutzen als andere. Auffällig war auch ihre Hilfs- und Verantwortungsbereitschaft. Als Elternersatz übernahmen sie häusliche Aufgaben oder unterstützten mit Teilzeitjobs die Familie finanziell. Dadurch entstanden bei ihnen die Überzeugung und das Vertrauen, mit dem eigenen Handeln etwas bewirken zu können, selbstwirksam zu sein. Als Erwachsene waren sie selbstbewusst und zuversichtlich, im Beruf erfolgreich, gingen feste Beziehungen ein und gründeten Familien. Die anfänglichen Risikobelastungen hatten für ihr weiteres Leben keinerlei Bedeutung.

In weitergehenden Untersuchungen erforschten Werner und Smith die Ursachen für die positive Entwicklung. Sie stellten fest, dass eine Reihe von Faktoren des familiären oder sozialen Umfeldes die Kinder positiv beeinflussten. Wie kaum anders zu erwarten, hatten viele eine starke gefühlsmäßige Bindung zu Bezugspersonen außerhalb der Kernfamilie, die ihnen wertschätzend, vertrauens- und respektvoll begegneten. Die Bezugspersonen übernahmen nicht nur Beratungsfunktion, sondern dienten als Vorbild mit Modellcharakter für die eigenen Beziehungsmuster. Ebenso positiv wirkten gute und intakte soziale Netzwerke wie Schule und Freundeskreis.

Die Ergebnisse von Werner und Smith machen deutlich, dass die Kraftquellen des Lebens sich aus den Erfahrungen mit sich selbst und den Bezügen des sozialen Umfeldes speisen.

Auch der Mediziner und Soziologe Aaron Antonovsky (1997) hat solche Kraftquellen untersucht. In einem 1970 durchgeführten Forschungsprojekt mit weiblichen Überlebenden aus Konzentrationslagern fand er heraus, dass sich etwa ein Drittel der Untersuchten in einer guten psychischen Verfassung befand, obwohl sie genau wie alle übrigen extremen psychischen und physischen Belastungen ausgesetzt waren. Auf der Suche nach den Gründen entdeckte er, dass diese Frauen sich gegenüber allen anderen durch die Fähigkeit des differenzierten klaren Erkennens von kritischen Ereignissen und Problemsituationen und die gezielte Auswahl von Bewältigungsstrategien unterschieden.

Auf der Grundlage dieser Erkenntnisse entwickelte Antonovsky das Konzept der Salutogenese. Es kann als Entstehung von Gesundheit verstanden werden. Im Gegensatz zur Pathogenese (pathos = Leiden) der traditionellen Medizin wird nicht der Aspekt des Leidensweges und seiner Symptome in den Vordergrund der Betrachtung gestellt, sondern die Gründe für das Nichtleiden, die Unversehrtheit. Antonovsky erkennt in der stabilen Grundstimmung oder Grundsicherheit, dass das Leben sinnvoll ist und man es trotz kurzfristiger Schwierigkeiten erfolgreich meistern kann, eine wichtige Ressource für die Bewältigung von herausfordernden Problemen. Sie entsteht nach seiner Meinung durch die Fähigkeit, die Unwegsamkeit des Lebens in einen Zusammenhang einzuordnen, zu verstehen und durch das Vertrauen in sich und seine Ressourcen zu meistern. Außerdem muss die Bewältigung der Anforderung als lohnend, sinnvoll und bedeutsam empfunden werden.

Antonovsky (1997) bezeichnet diese Ressource als Kohärenzgefühl, die er metaphorisch beschreibt:

> »Meine fundamentale philosophische Annahme ist, daß der Fluß der Strom des Lebens ist. Niemand geht sicher am Ufer entlang. Darüber hinaus ist für mich klar, daß ein Großteil des Flußes sowohl im wörtlichen als auch im übertragenen Sinn verschmutzt ist. Es gibt Gabelungen im Fluß, die zu leichten Strömungen oder in gefährliche Stromschnellen und Strudel führen. Meine Arbeit ist der Auseinandersetzung mit folgender Frage gewidmet: Wie wird man, wo immer man sich in dem Fluß befindet, dessen Natur von historischen, soziokulturellen und physikalischen Umweltbedingungen bestimmt wird, ein guter Schwimmer?«

Antonovsky (1997) hat in seiner Forschung zur Entstehung von Gesundheit (Salutogenese) drei Faktoren für das Kohärenzgefühl herausgefunden. Erstens beschreibt das Gefühl von Verstehbarkeit (als kognitives Verarbeitungsmuster) die Fähigkeit von Menschen, bekannte und auch unbekannte Stimuli als geordnete, konsistente, strukturierte Informationen verarbeiten zu können. Zweitens ist das

Gefühl von Handhabbarkeit bzw. Bewältigbarkeit (als kognitiv-emotionales Verarbeitungsmuster) die Überzeugung eines Menschen, dass er geeignete Ressourcen zur Verfügung hat, um den Anforderungen zu begegnen – wozu auch der Glaube an die Hilfe anderer Menschen oder einer höheren Macht zählt. Drittens vermittelt das Gefühl von Sinnhaftigkeit bzw. Bedeutsamkeit das Ausmaß, in dem man das Leben als emotional sinnvoll empfindet. Dazu gehört auch das Gefühl, dass wenigstens einige der vom Leben gestellten Probleme und Anforderungen es wert sind, dass man Energie in sie investiert, dass man sich für sie einsetzt und sich ihnen verpflichtet fühlt.

Antonovsky sieht diese motivationale Komponente als den wichtigsten Aspekt des Kohärenzgefühls an, denn ohne das Erleben von Bedeutsamkeit bzw. Sinnhaftigkeit neigt der Mensch dazu, das Leben vor allem als Last und jede weitere Aufgabe als Qual zu empfinden.

Ein stark ausgeprägtes Kohärenzgefühl führt seiner Meinung nach dazu, dass ein Mensch flexibel auf Anforderungen reagieren kann. Es aktiviert für diese spezifische Situation die angemessenen Ressourcen und wirkt damit als flexibles Steuerungsprinzip, das den Einsatz verschiedener Verarbeitungsmuster (Copingstrategien) in Abhängigkeit von den Anforderungen anregt.

Jeder Mensch verfügt mit unterschiedlicher Ausprägung über solche Verhaltensweisen und Strategien. Zum Teil sind diese genetisch vorgegeben, das schließt aber nicht aus, dass sie ausbaufähig und trainierbar sind. Indem wir mehr Resilienz erwerben oder sie verstärken, sind wir in der Lage, flexibler auf Stressoren zu reagieren und unseren Umgang mit ihnen zu verändern. Resilienz ist also eine zentrale, universal nützliche Kompetenz zur Bewältigung von stetig wachsenden Herausforderungen in Schule, Beruf und im Alltag.

Wie wichtig diese Denkweisen, Überzeugungen und Verhaltensmuster auch im Sinne einer konstruktiven Fehlerkultur sind, wird durch die sogenannte Mindset-Theorie bestätigt. Ein Mindset resultiert nach Meinung von Carol Dweck (2017) aus den tief verankerten Glaubenssätzen und Grundeinstellungen, die bewusst und unterbewusst unser Handeln beeinflussen.

Interessanterweise nahmen die Forschungen zum Thema Mindset in einer Schule ihren Anfang. Dweck (2017) war überrascht, dass nach einem Experiment mit Schülerinnen und Schülern manche von ihnen trotz der unlösbaren Aufgaben, die sie vorfanden, nicht etwa frustriert waren, sondern stattdessen begeistert zurückmeldeten: »Ich liebe kniffelige Rätsel« oder »Wissen Sie, genau das hatte ich gehofft: dass ich hier was lerne«.

Dweck ging der Frage nach, was sich hinter dieser Einstellung verbirgt, wie sie entsteht und was daraus folgt. In den folgenden Jahren und Jahrzehnten entwickelte sie die Mindset-Theorie. Dweck geht davon aus, dass jeder Mensch bestimmte Denkweisen hat, die seine Sicht auf seine Umgebung und sein Selbstbild prägen. Dabei unterscheidet sie zwischen einem stabilen und einem dynamischen Mindset. Menschen mit einem statischen oder stabilen Mindset gehen nach Dwecks Meinung davon aus, dass ihre Intelligenz ein unveränderbares Merkmal ihrer Person ist. Menschen mit einem dynamischen Mindset dagegen sind innerlich überzeugt, dass ihre Intelligenz eine entwickelbare bzw. verbesserbare Eigenschaft ist. Das dynamische Mindset wird daher oft auch als Growth Mindset, dynamisches Selbstbild oder auch Wachstumsdenken bezeichnet.

Den bisherigen Untersuchungen zufolge hat das Mindset, also die innere Einstellung zur eigenen Lernfähigkeit, weitreichenden Einfluss auf viele Lebensbereiche und entscheidet mit darüber, ob ein Mensch sein Potenzial voll entfalten kann oder nicht. Menschen mit einem Growth Mindset fühlen sich als Gestalter ihres Lebens. Sie schreiben ihre Erfolge weder ihrer Herkunft noch dem ihnen von der Natur gegebenen Talent zu. Sie sind überzeugt, dass sie es selbst in der Hand haben, ob sie etwas erreichen können. Sie haben einen entkrampften Umgang mit Fehlern und Misserfolgen (weil ein Misserfolg einfach nur aufzeigt, wo

man noch weiterwachsen kann). Ein Fehler sagt nur: »Du kannst es noch nicht.« Dagegen konzentrieren sich Menschen mit einem stabilen Mindset auf die Bereiche, in denen sie ohnehin schon ganz gut sind, um so wenig Fehler wie möglich zu machen, weil Fehler einem Urteil gleichkommen: »Du kannst das nicht.« Menschen mit einem statischen Mindset scheinen eher keine Konzepte zu haben, wie sie mit eigenen Misserfolgen sinnvoll umgehen können. Stattdessen entscheiden sie sich in solchen Situationen dazu, entweder aufzugeben oder moralisch fragwürdige Lösungen zu finden, wie zum Beispiel Schummeln oder den anderen die Schuld zuweisen.

Für den Aufbau eines dynamischen Mindsets bedarf es einer Fehlerkultur und einer Lernumgebung, die sich auch aktiv und konstruktiv mit Fehlern auseinandersetzt. In der Positiven Psychologie wird deshalb der Aufbau positiver Institutionen gefordert. Olaf-Axel Burow bezeichnet sie als »Kreative Felder«, die er selbst nachfolgend beschreibt.

Aufbau positiver Institutionen bzw. »Kreativer Felder« (Gastbeitrag von Olaf-Axel Burow)

Wie aus Schwächen Stärken werden: Positive Pädagogik und die Theorie des Kreativen Feldes

Während wir uns in rasantem Tempo auf das New Digital Age zubewegen, verharren zu große Bereiche unseres Bildungssystems und insbesondere viele Schulen in alten Mustern. Schülerinnen und Schüler werden noch immer nach Alterskohorten sortiert, die fließbandmäßig vorrücken und zu oft noch zur gleichen Zeit das Gleiche lernen müssen – mit fatalen Folgen. Lernen ist ein individueller Prozess und so ist es wenig erstaunlich, dass Kinder und Jugendliche Schwierigkeiten haben mit der fabrikmäßigen Organisation von Lehr-/Lernprozessen.

Viele Probleme, mit denen Lehrkräfte alltäglich kämpfen müssen, sind hausgemacht durch zumindest teilweise überholte Organisationsstrukturen, eine überzogene Fächerorientierung und einen verengten Wissensbegriff. Was für die Industriegesellschaft der Vergangenheit noch passend war, funktioniert in der globalisierten Wissensgesellschaft und im digitalen Zeitalter immer weniger. Kompetenzen lassen sich nur bedingt in auf Wissen zugeschnittenen Schulfächern erwerben. Kompetenz ist, wie schon erwähnt wurde, eine Verbindung von Wissen, Haltung, Handlung und Metalernen. Sie ist immer auch Ausdruck einer Mischung aus individueller Begabung, Sozialisation und Erziehung, die durch Selbstbildung sich individuell ausprägt. Jeder Mensch ist einzigartig. Aus diesem Grund weisen die im Gefolge der internationalen Schulleistungsvergleichsstudien vorangetriebenen Versuche, Bildungsinhalte und Leistungsanforderungen zu standardisieren, aus Sicht der Positiven Pädagogik in die falsche Richtung.

Was in der schulischen Bildung falsch läuft, illustriert Ken Robinson in seinem zweiten TED-Vortrag (2006), der mittlerweile millionenfach abgerufen wurde.

Nicht von ungefähr trägt sein 18-Minuten-Vortrag doch den Titel »Do Schools Kill Creativity?«. Er zeigt dort, dass die überzogene Ausrichtung auf abzuprüfendes Faktenwissen, auf Fehlerverfolgung und die Orientierung an der einzigen richtigen Lösung Schule in eine Art Trivialisierungsmaschine verwandelt, die die Kreativität vieler Kinder zerstört.

Während Kindergartenkinder, gefragt nach den Verwendungsmöglichkeiten einer Büroklammer, durchschnittlich 20 mögliche Lösungen vorschlagen, zeigt eine Längsschnittstudie, die Robinson zitiert, dass diese Kinder im Alter von 15 Jahren nur noch ein bis zwei Lösungsideen nennen. Robinson fragt sein Auditorium: Was ist mit diesen Kindern passiert? Wodurch ist diese dramatische Reduzierung ihrer Kreativität zu erklären? Seine Antwort sollte nachdenklich stimmen: Sie haben tausende von Schulstunden absolviert und dabei gelernt, dass es nur eine richtige Lösung gibt, weswegen Sie fortan jeden Fehler fürchten.

Die Idee, dass man durch Schulbesuch seine Fähigkeiten bzw. Kompetenzen erweitert, erweise sich – so Robinson – zumindest im Bereich der Kreativität als Illusion. Ganz offensichtlich zerstört die traditionelle Art des Unterrichtens und die akribische Fehlerverfolgung durch die mit Rotstiften bewaffneten Lehrkräfte Kreativität. Mehr noch: Die Schüler mögen eine Menge Wissen angehäuft haben, doch ihre Handlungsfähigkeit und ihr Fantasievermögen sind reduziert. Wie also sollte Schule gestaltet sein, damit die nötigen Zukunftskompetenzen für ein Überleben in einer vielfältig bedrohten Welt erworben werden – dass insbesondere Wissen, Haltung und Handlung so miteinander verbunden werden, dass das kreative Potenzial der Heranwachsenden nicht zerstört, sondern entwickelt wird?

Die *Theorie des Kreativen Feldes*, die ich 1999 formuliert und seitdem in Bildungseinrichtungen und in der Wirtschaft erprobt und weiterentwickelt habe, kann darauf einige Antworten geben. Sie ist Bestandteil der »Positiven Pädagogik«, die mit ihrem positiven Menschenbild auf die Stärken Heranwachsender fokussiert und die Schwächen als unterschätzte Entwicklungschancen für die

Bildung von Synergieteams sieht: Teams, in denen die gegenseitige Ergänzung persönlicher Stärken und der Ausgleich von Schwächen dazu führt, dass die Beteiligten ihre eigenen Grenzen überwinden und so selbst mit begrenzten Fähigkeiten zu schöpferischen Höchstleistungen beitragen können. Dass und wie das in der Praxis funktioniert, zeigt uns die Analyse von Erfolgsmustern kreativer Persönlichkeiten.

Was wissen wir über kreative Persönlichkeiten?

Die klassische Kreativitätsforschung hat sich auf der Suche nach den Quellen von Kreativität vor allem mit der Analyse von Lebensläufen herausragender Persönlichkeiten beschäftigt. So hat der amerikanische Sozialpsychologe Howard Gardner (1996) in seinem Buch »So genial wie Einstein« die Lebenswege der »Schöpfer der Moderne«, Freud, Einstein, Picasso, Strawinsky, Graham und Ghandi, untersucht. Was ist diesen Kreativen gemeinsam?

Sie verfügten über eine frühe Begabung, die sich in einer frühreifen Meisterschaft in einem Gebiet äußerte; in ihrer Umgebung befand sich eine Person, die diese Begabung erkannte und sie förderte. Sie waren nicht angepasst und konnten sich deshalb vorherrschenden Auffassungen ihrer Zeit widersetzen. Außerdem benötigten sie mindestens zehn Jahre harter Arbeit, um einen Durchbruch zu erreichen.

Entscheidend für ihre Kreativität sei nach Gardner (1996) allerdings »eine Denkweise, eine Intuition, wie man sie gewöhnlich dem menschlichen Bewusstsein früher Altersstufen zuordnet«. Die erfolgreiche »Fusion« von frühreifer Meisterschaft und dem lebenslangen Bewahren der Fähigkeit zum kindlichen, intuitiven Denken bildet Gardner zufolge den entscheidenden Faktor für ihre außergewöhnlichen Leistungen. Individuelles Talent reicht allerdings nicht aus. Man muss zur geeigneten Zeit die richtige Domäne (Fachgebiet) wählen und über eine soziale Intelligenz verfügen, die es einem ermöglicht, vom Feld (Fachautoritäten) anerkannt zu werden. Dieses Bild des genialen Einzelnen ist zwar populär, in dessen Absolutheit aber falsch.

Kreativität gibt es nur im Plural!

Wer geniale Einzelne und Erfolgsteams untersucht, stellt fest: Es gibt keine Spitzenleistungen ohne ein Synergiefeld. Die These, dass es Kreativität nur im Plural gibt, bestätigt sich eindrucksvoll, wenn wir die Entwicklung technischer Innovationen betrachten. So hat der Nobelpreisträger Gerd Binnig (1989) in seinem

Buch »Aus dem Nichts. Über die Kreativität von Mensch und Natur« gezeigt, dass die Entwicklung des Rastertunnelmikroskops Ergebnis einer spezifischen Mischung unterschiedlicher Fähigkeiten im Team war. Der grandiose Erfolg der Firma Apple wiederum beruht auf der Bildung eines Synergieteams durch Steve Jobs und Stephen Woszniak, denen es gelang, ihre unterschiedlichen Fähigkeiten zu vereinen und über ihre persönlichen Begrenzungen hinauszuwachsen. Mehr noch: Sie wurden durch diese Verbindung zu einer Inspirationsquelle und einer Art Kreativitätsgenerator, der andere Talente anzog und neben anderem die Erfindung des objektgesteuerten Personal Computers möglich machte.

Geniale Durchbrüche sind immer Ausdruck kollektiver Milieus. Ich nenne solche Milieus »Kreative Felder«. Die Beatles waren ein Erfolgsteam, aber auch Mozart ist ohne die Berücksichtigung seines besonderen Umfeldes nicht denkbar. Wissenschaftliche Untersuchungen zum Group Genius belegen, dass fast alle herausragenden Erfindungen Resultat des Zusammenwirkens vernetzter Personen sind.

Im Digital Age gewinnt die Fähigkeit zu kreativer Kollaboration, zur Bildung von disziplinen- und kulturübergreifenden produktiven Netzwerken eine wachsende Bedeutung. Aufgrund neuer Kommunikations- und Vernetzungsmöglichkeiten bieten sich vermehrt Chancen für die Entwicklung völlig neuer und intensivierter Formen kollektiver Kreativität. In seinem Buch »The Rising oft the Creative Class« (2014) behauptet der Kulturgeograf Richard Florida, dass sich in den entwickelten Industriestaaten aufgrund solcher Vernetzungsprozesse eine »kreative Klasse« herausbilde, die in den USA schon circa ein Drittel der Werktätigen umfasse. Mitglieder diese neuen Klasse, die sich anschicke, die Führung der Gesellschaft zu übernehmen, sind Personen, die mit der Entwicklung bzw. Umsetzung von Neuem befasst sind. Kennzeichen dieser Klasse sei es, dass sie sich bevorzugt in Regionen ansiedle, die sich in besonderer Weise durch Talent, Toleranz und Hochtechnologie auszeichnen. Beispiel für eine solche Region, für ein Kreatives Feld, ist das Silicon-Valley, das mit seinen Universitäten kreativitätsförderliche Talentschmieden aufweist, mit seiner Offenheit für die Entwicklung alternativer Lebensstile Freiräume für die persönliche Entwicklung bietet und darüber hinaus mit einer Konzentration innovativer Firmen der Hochtechnologie attraktive Beschäftigungsmöglichkeiten für Kreative bereitstellt.

Kreative Felder sind keine neue Erscheinung. Stets entstand das Neue aus vielfältig vernetzten Clustern von Personen, die unerwartete Fernwirkungen erzeugen konnten. Als beispielsweise der Stadtrat von Venedig um 1600 die Experten für Glasherstellung auf die Insel Murano vertrieb, schuf er damit, ohne es beabsichtigt zu haben, die Grundlage für eine technologische Revolution der Glasherstellung: Plötzlich fanden sich die vereinzelten Handwerker mit ihren Spezialbegabungen an einem verdichteten Ort gegenseitiger Inspiration wieder, der ihre Innovationskraft dramatisch steigerte.

Kristallisationskerne ziehen Synergiepartner an

Diese Einsicht hatte auch schon der amerikanische Managementforscher Warren Bennis (1998) belegt. In seiner Untersuchung »Genialer Teams« stellt er fest, dass die besondere Mischung von Teams entscheidend für ihren Erfolg ist. Allerdings spielen besonders befähigte Führende eine wichtige Rolle. Seine Analyse hochleistungsfähiger Gruppen gipfelt in der Aussage:

> »Und in diesen Gruppen gab es jedes Mal, wenn wirkliche Durchbrüche erzielt wurden, einen ›Anführer‹, der es verstand, andere auf eine faszinierende, außergewöhnliche signifikante Vision einzuschwören. Da war also jemand, der in der Lage war, Anhänger und ›Fans‹ zur Zusammenarbeit zu begeistern. Alle waren davon überzeugt, sie könnten Berge versetzen.«

Ich nenne einen solchen Anführer einen Kristallisationskern im Feld. Was verstehe ich darunter?

Harry Frommermann, der spätere Gründer der Comedian Harmonists, besaß 1927 nichts anderes als eine Vision. Er wollte ein neuartiges Gesangsensemble nach Art der amerikanischen Erfolgsgruppe The Revellers gründen. Weder verfügte er über eine musikalische Ausbildung noch besaß er Mittel. Er schaltete eine Anzeige und suchte mit erstaunlichem Erfolg Mitglieder für sein Ensemble. Innerhalb eines Jahres erreichten die Comedian Harmonists sensationelle Erfolge. Was war ihr Geheimnis? Es war die Mischung. Frommermann, der tolle Ideen hatte und unablässig Songs schrieb, fand in Erwin Bootz einen Pianisten, der über das nötige fachliche Rüstzeug verfügte, um aus Frommermanns Ideen singbare Arrangements zu schreiben. Die übrigen Mitglieder der Gruppe ergänzten sich mit ihren unterschiedlichen Fähigkeiten optimal. Hier zeigt sich: Der Kristallisationskern, der von einer Idee besessen ist, übt wie in einem physikalischen Feld Anziehungskräfte aus. Er wirkt wie ein Magnet und zieht Synergiepartner mit unterschiedlichen Fähigkeiten an, die gemeinsam ein Kreatives Feld bilden. Erst das Zusammentreffen der unterschiedlichen Fähigkeiten, die Mischung von Stärken und Schwächen, lässt etwas großartig Neues entstehen. Doch was zeigen diese Beispiele, die ich in »Team-Flow« (2015) ausführlich dargestellt habe und hier nur verkürzt darstellen kann?

Wenn Bildungseinrichtungen, Firmen, Institutionen etc. das unerschlossene kreative Potenzial ihrer Mitarbeiterinnen und Mitarbeiter freisetzen und Innovationen anstoßen wollen, dann brauchen sie drei Dinge:

- Kristallisationskerne
- das Jazzband-Modell der Führung
- die richtige Mischung

Schauen wir uns die einzelnen Elemente der Reihe nach an.

Kristallisationskerne

»Kristallisationskerne« sind Menschen, die ein Thema entdeckt haben, das eng mit ihrer Identität, ihrem persönlichen Wollen in Einklang steht. Man könnte sagen, sie haben ein so hohes Maß an innerer Kohärenz erreicht, dass ihre Art, sich zu geben, wie eine anziehende Botschaft, als ein magnetischer Impulsgeber auf ihre soziale Umgebung wirkt und Resonanz auslöst. Spektakuläre Beispiele für solche Kristallisationskerne sind zum Beispiel Nelson Mandela, der obwohl er von 1963 bis 1990 im Gefängnis saß, mit seiner Vision der Abschaffung von Apartheid eine Massenbewegung initiierte, die so erfolgreich war, dass der verfolgte Häftling am Ende seines Lebens als erster Schwarzer Präsident Südafrikas wurde. Ein anderes Beispiel ist Martin Luther King, der mit seiner berühmten Rede unter dem Motto »I have a dream« Millionen Menschen mobilisierte. Der tschechische Präsident Vaclav Havel war lange Jahre ein verfolgter Regimegegner ohne jede Macht. Und doch setzte sich letztlich seine Botschaft durch.

Diese spektakulären Beispiele lassen uns übersehen, dass wir in vielen Bereichen von solchen Kristallisationskernen umgeben sind, die wichtige Innovationen vorantreiben. Im Bereich der Schulentwicklung bin ich zum Beispiel auf den Leiter einer Gemeinschaftsschule in einem kleinen Ort an der Schweizer Grenze gestoßen, Stefan Ruppaner, dem es mit seinem Team in einem zwölfjährigen Entwicklungsprozess gelang, aus eigener Kraft eine der innovativsten Schulen Deutschlands zu schaffen: 2019 wurde der Alemannenschule Wutöschingen der Deutsche Schulpreis verliehen. Warum gelingt es diesen Personen – selbst unter schlechten Bedingungen –, über ihre Begrenzungen hinauszuwachsen und zu Innovationstreibern zu werden?

Malcom Gladwell hat in »Tipping Point« (2000) darauf hingewiesen, dass hier das »Gesetz der Wenigen« wirkt: Neues, seien es Produkte, soziale Innovationen, kreative Durchbrüche etc., wird meist von Einzelnen angestoßen, die nicht nur die Strömungen in ihrem Umfeld aufnehmen und verdichten, sondern die auch in der Lage sind, andere mit ihren so entstandenen Ideen anzustecken und so ein Kreatives Feld zu schaffen, in dem die unterschiedlichen Energien gebündelt werden und sich Stärken und Schwächen gegenseitig ergänzen, sodass ein zunächst unerreichbar erscheinendes Ziel erreicht werden kann.

Kristallisationskerne sind aufgrund ihrer überzeugenden Botschaft und ihrer authentischen Haltung in der Lage, enorme Energien freizusetzen. Es ließen sich zahlreiche weitere Beispiele für dieses Phänomen finden.

Nicht jeder hat allerdings die Begabung eines Nelson Mandela oder eines Pablo Picasso. In einem funktionierenden Kreativen Feld muss man die auch gar nicht haben, da das kreative Produkt Ergebnis des Zusammenwirkens unterschiedlicher Fähigkeiten und Begabungen ist. Spektakuläre Beispiele lenken von der Tatsache ab, dass Personen, die im Nachhinein als herausragend begabte Einzelgenies gesehen werden, die überragenden Leistungen nicht nur ihren Begabungen zu verdanken haben. Vielmehr auch der Tatsache, dass sie zur richtigen Zeit am richtigen Ort waren und das Glück hatten, die passenden Synergiepartner zu finden. So sind fast alle späteren Giganten der Computerindustrie zwischen 1953 und 1956 im Silicon-Valley aufgewachsen. Und aus Künstlerbiografien wissen wir um die Bedeutung spezifischer kultureller Umgebungen, wie es zum Beispiel Paris um die Jahrhundertwende darstellte und heute vielleicht Städte wie Berlin oder spezifische Regionen.

Im digitalen Zeitalter, so meine These, benötigen wir weniger überragende Begabungen noch den göttlichen Funken, um kreativ zu sein oder zu innovativen Produkten beitragen zu können. Entscheidend ist, dass wir uns auf das Thema konzentrieren, das zu unserer Person gehört, das uns begeistert und das wir hartnäckig verfolgen. Für Ken Robinson geht es vor allem darum, »in seinem Element zu sein«. Aus dieser Sicht wäre es die wichtigste Aufgabe von Schulen, jungen Menschen dazu zu verhelfen, ihr Element zu finden. Warum ist die Entdeckung des eigenen Elements von zentraler Bedeutung für die Entfaltung von Kreativität und das Erzielen von Spitzenleistungen?

In jedem kreativen Paar, jedem kreativen Team, jeder erfolgreichen Firma gibt es eine Person, die das gemeinsam angestrebte Ziel bzw. die Vision in besonderer Weise verkörpert. Die Personen sind Kristallisationskerne, die mit sich in Übereinstimmung stehen und von einer Mission beseelt sind. Aufgrund der Selbstübereinstimmung und der klaren Zielorientierung ziehen sie andere Personen an, die nach Ergänzung und Orientierung suchen. Sie wirken wie Magnete im Feld.

In der schnell sich wandelnden New Economy wird diese Fähigkeit des Magnetisierens zu einer Schlüsselqualifikation, denn nur Kristallisationskerne ziehen die geeignete Mischung für die zu lösenden Aufgaben an.

Das Jazzband-Modell der Führung

Dabei gilt: In jeder Person steckt das Potenzial zum Kristallisationskern. Der Kristallisationskern ist nur phasenweise Führender. Er verkörpert die Vision, bündelt die Kräfte; doch im Sinne aufgabenbezogener Führungsrotation können – je nach geforderten Fähigkeiten – einzelne Mitglieder, ähnlich wie in einer Jazzband, zeitweise die Führung übernehmen.

In einer Jazzband spielen unterschiedliche Personen miteinander, die alle ihr Instrument beherrschen und über ein gemeinsam vereinbartes Thema – ohne Dirigent, einer Führung von oben – improvisieren. Wenn es ihnen gelingt, gut aufeinander zu hören, sich synergetisch zu ergänzen, dann kann etwas Neues entstehen, das so faszinierend ist, dass es auch die Zuhörer ergreift. Diese lösen sich aus ihrer passiven Rolle, klatschen den Rhythmus, feuern die Musiker durch Zurufe an. Musiker und Zuhörer verbinden sich zu einem Kreativen Feld, das bei allen Beteiligten eine signifikante Energiekonzentrierung bewirkt. Das Erlebnis gemeinsamen Mit-Schwingens löst oft eine machtvolle Resonanz aus, die dazu führt, dass Musiker und Zuhörer beflügelt werden und mit neuen Ideen und einem erhöhten Energiezustand aus der Begegnung herausgehen.

Die Fußballmannschaft – ein Kreatives Feld?

Nicht nur Jazzbands beherrschen die Kunst des Zusammenspiels und des Aufbaus von Kreativen Feldern. Auch Fußballer sind Meister dieser Disziplin. Wie wir gesehen haben, zeichnet es exzellente Jazzbands aus, dass es ihnen gelingt, so über ein Thema zu improvisieren, dass jeder seine spezifischen Fähigkeiten einbringen kann, mit dem Ergebnis, dass eine neue, einzigartige Kombination von Tönen und Rhythmen entsteht, die nicht nur die Mitglieder der Band, sondern auch die Zuhörer so sehr ergreift, dass ein resonantes Feld entsteht, in dem die Beteiligten Team-Flow erleben.

Genau dies gelingt erfolgreichen Fußballmannschaften. Die Frage ist: Wie gelingt ihnen das? Gibt es Erfolgsregeln, deren Beachtung auch für unsere Fragestellung der Förderung von Teamkreativität oder sogar des Team-Flows von Bedeutung sind? Dabei vergessen die Teammitglieder durch eine die Gemeinschaft optimal herausfordernde Tätigkeit Zeit und Raum und gehen in der Aufgabe auf.

Eine Erfolgsstrategie zum Erreichen des optimalen Team-Flows haben Netzwerkforscher herausgefunden: Sie stellten sich die Frage, warum die Spanier bei der Europameisterschaft 2008 gewonnen hatten. Was unterschied ihre Spielstrategie von der anderer Mannschaften? Die Forscher haben das Abspielverhalten der Mannschaften verglichen. Wenn man nun die deutsche Mannschaft aus dem Jahr 2008 betrachtet, dann wird deutlich, dass vor allem sechs Spieler miteinander spielen, während die anderen kaum einbezogen wurden. Ganz anders beim spanischen Team, in dem ein ausgewogenes Abspielverhalten herrschte. Die Schlussfolgerung der Forscher lautete sinngemäß: Die Gesamtleistung eines Teams ist umso besser, je mehr sie abspielen! Die Einbeziehung aller Beteiligten und die Förderung des kreativen Zusammenspiels sind der Schlüssel: Auf die Synergie kommt es an, die durch die richtige Mischung entsteht!

Wie entsteht die richtige Mischung?

Resonanz, Energiekonzentrierung, die Schaffung von Neuem, die Einbeziehung aller Beteiligten, seien es Schüler, Studierende, Zuschauer bzw. Kunden – dies alles sind Ziele, die Bildungseinrichtungen und Unternehmen gleichermaßen erreichen wollen.

Doch wie findet man zu seinem Thema und zur richtigen Mischung?

Eine Möglichkeit besteht in der von mir entwickelten Synergieanalyse, die nachfolgendes Schaubild verdeutlichen soll.

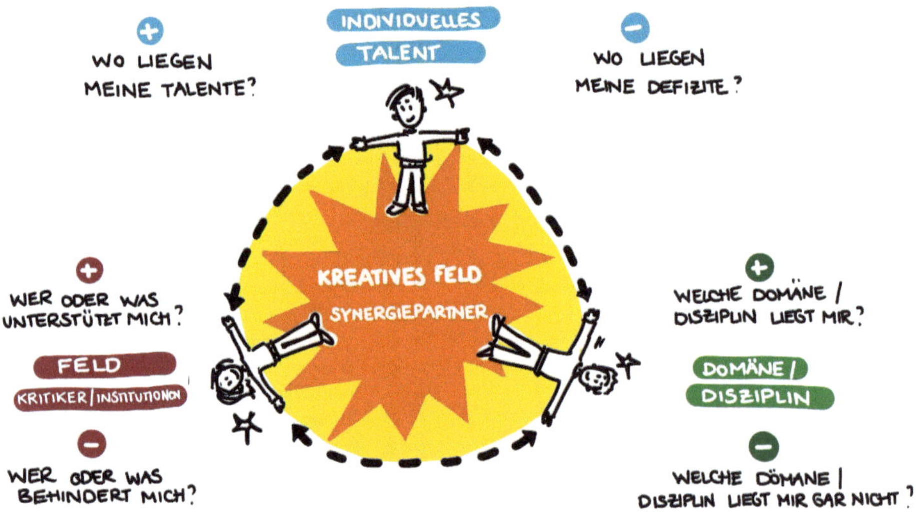

Die Synergieanalyse legt den Fokus auf das Finden des bzw. der signifikanten Anderen. Demnach geht es bei der Synergieanalyse zunächst darum, dass die Gruppenmitglieder herausfinden, welches ihre besonderen Talente und welches ihre Defizite sind. Die neue Sichtweise besteht nun darin, dass die Defizite gerade die Andockpunkte für passende Synergiepartner sind. Steve Jobs hat nicht versucht, Programmierer zu werden, sondern hat sich passende Partner gesucht, die über die Fähigkeiten verfügten, die er zum Realisieren seiner Vision eines persönlichen Computers benötigte: Gerade weil er kein Fachmann im engeren Sinne war, konnte er eine bahnbrechende Entwicklung anstoßen.

Übrigens wird diese Sicht durch eine neue Wissenschaft, die der MIT-Forscher Alex Pentland als »Social Physics« bezeichnet, bestätigt. So hat er – wie nachstehende Abbildung zeigt – das Führungsverhalten von Persönlichkeiten großer Unternehmen mit der Entwicklung des Aktienkurses verglichen: Dabei hat er nicht nur Kreditkartendaten und Telefonverbindungen ausgewertet, um zu zeigen, wie der optimale Ideenfluss organisiert sein muss, damit Kreativität und Innovation möglich werden. Er hat auch Mitarbeiter von Firmen mit elektrischen Rufgeräten, sogenannten Beepern, ausgestattet, mit denen sie melden mussten, mit wem sie wann am Tag Kontakt hatten. Das Ergebnis hat er in folgender Grafik dargestellt, die verblüffende Übereinstimmungen mit dem Fußballbeispiel aufweist. Die linke Grafik zeigt ein traditionelles Führungs- bzw. Teammodell, in dem die Führenden miteinander kommunizieren und die übrigen Mitglieder vernachlässigen. Die rechte Grafik zeigt die optimale Führungs- bzw. Teamstruktur.

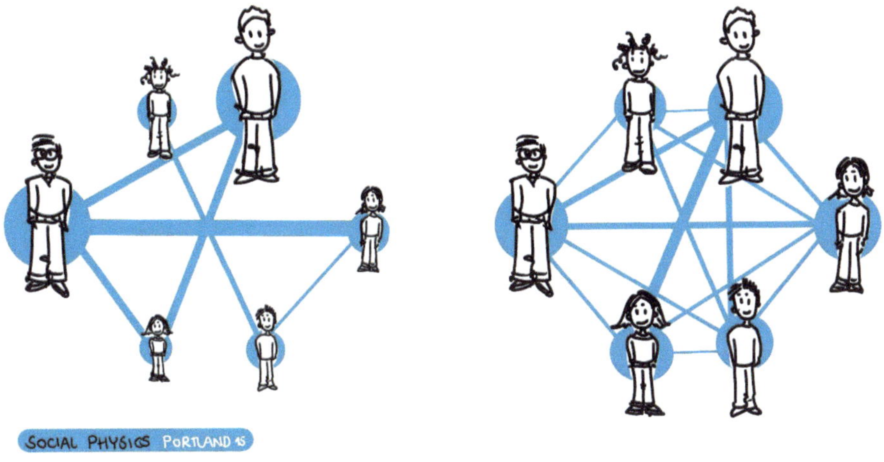

Was bedeutet das Kreative Feld für die Schule?

Wenn wir Kinder und Jugendlichen helfen wollen, sich zu Gestaltern zu entwickeln und ihr Potenzial freizusetzen, muss der Blick der Lehrkräfte sich weiten und sowohl die Stärken der Schülerinnen und Schüler berücksichtigen, aber auch ihre vermeintlichen oder tatsächlichen Schwächen einbeziehen. Dabei geht es nicht immer darum, diese auszumerzen, sondern sie als Andockpunkte für mögliche Synergiepartner aus der Klasse zu nutzen. Die überzogene Konzentration auf Fehlerverfolgung führt in die Irre, denn in vielen Bereichen sind wir aufgrund unserer persönlichen Begrenzungen gar nicht in der Lage, uns zu optimieren. Zudem kommt es in einer arbeitsteilig organisierten Gesellschaft gar nicht darauf an, dass jeder das Gleiche kann, sondern immer bedeutsamer wird das Besondere. Gerade hier, in der synergetischen Ergänzung von Unterschieden können interessante Mischungen entstehen. In unserer ausdifferenzierten, hochkomplexen, spezialisierten Wissensgesellschaft kann es nicht länger darum gehen, dass jeder alles kann. Vielmehr brauchen wir profilierte Egos, die fähig sind, sich im Team synergetisch zu ergänzen.

Lehrerinnen und Lehrer brauchen deshalb einen sensiblen Blick, um festzustellen, welche besonderen Talente in der Klasse vorhanden sind, welche Synergiepartner förderlich sein könnten und wie sie ein Kreatives Feld, eine vielversprechende Mischung aus Kristallisationskernen umgeben von Stärken und Schwächen, zusammenstellen können. Der erfolgreiche Zusammenschluss von Persönlichkeiten mit stark unterschiedlich ausgeprägten Fähigkeiten zeichnet sich dadurch aus, dass eine gemeinsam geteilte Vision verbindet. Trotz ihrer unverwechselbaren Egos und trotz ihrer Verschiedenheit sind sie sich ihres gemeinsamen Grundes bewusst und versuchen in einem wechselseitigen Lernprozess ihr kreatives Potenzial gegenseitig hervorzulocken, zu erweitern und zu entfalten.

Dazu bedarf es eines grundlegenden Perspektivenwechsels in unseren Bildungseinrichtungen. Statt Lernende zu vereinzeln, sie einem normierten, gleichmacherischen Programm zu unterwerfen und sich auf die Fehlerverfolgung zu konzentrieren, geht es darum, sie darin zu unterstützen, ihr »Element« zu entfalten. Dazu bedarf es geeigneter Lernumgebungen und Lehrpersonen, die je nach Aufgabenstellung die wichtigen Kristallisationskerne in der Klasse erkennen und denen es gelingt, durch die Mischung von Stärken und Schwächen der Lernenden Kreative Felder zu fördern. Letztlich geht es um den längst fälligen Abschied von der Mystifikation der Einzelleistung, die Befreiung aus der Individualisierungsfalle und die Entwicklung eines entwicklungsförderlichen Synergiebewusstseins, das geeignet ist, durch kreative Ergänzung Schwächen in Stärken zu verwandeln. Erst wenn wir lernen, die Entfaltungsmöglichkeiten des Einzelnen vor dem Hintergrund förderlicher Umfelder zu sehen, werden wir dringend benötigte kreative Potenziale erschließen können. Gemäß der Erfolgsformel »Ich bin gut – wir sind besser« kann in einem Kreativen Feld – wenn die Mischung stimmt – fast jeder zu überragenden Neuschöpfungen beitragen.

Literatur

Althof, W. (Hrsg.) (1999): Fehlerwelten. Vom Fehlermachen und vom Lernen aus Fehlern. Opladen: Leske und Budrich.

Antonovsky, A. (1997): Salutogenese. Zur Entmystifizierung der Gesundheit. Tübingen: Deutsche Gesellschaft für Verhaltenstherapie.

Bennis, W./Biederman, P. W. (1998): Geniale Teams – Das Geheimnis kreativer Zusammenarbeit. Frankfurt/New York.

Bass, B. M. (1985): Leadership and performance beyond expectations. New York: The Free Press.

Becker, P. (1982): Psychologie der seelischen Gesundheit (Bd. 1). Göttingen.

Becker, P./Minsel, B. (1986): Psychologie der seelischen Gesundheit (Bd. 2). Göttingen.

Binnig, G. (1989): Aus dem Nichts. Über die Kreativität von Natur und Mensch. München.

Brown, B. (2017): Verletzlichkeit macht stark. Wie wir unsere Schutzmechanismen aufgeben und innerlich reich werden. München.

Bundesministerium für Gesundheit (BMG) (2010): Nationales Gesundheitsziel Gesund aufwachsen: Lebenskompetenz, Bewegung, Ernährung. (Kooperationsverbund gesundheitsziele.de, 2009 aktualisiert, Januar/September 2010 publiziert.) https://www.bundesgesundheitsministerium.de/uploads/publications/BMG-G-07014-NationalesGesundheitsziel_Internet.pdf

Bundesministerium für Bildung und Forschung (BMBF), Referat Bildungsforschung (Hrsg.) (2007): Zur Entwicklung nationaler Bildungsstandards. Eine Expertise. Bildungsforschung Band 1. Bonn/Berlin. https://www.bmbf.de/pub/zur_entwicklung_nationaler_bildungsstandards.pdf

Burow, O.-A. (2015): Bildungsfaktor Glück – Glücksfaktor Bildung: Wie Lernfreude und Spitzenleistung entstehen. In: Fritz-Schubert, E./Saalfrank, W.-T./Leyhausen, M. (Hrsg.): Praxisbuch Schulfach Glück. Weinheim, S. 84–94.

Burow, O.-A. (2015): Team-Flow. Der Schlüssel zu Glück und Spitzenleistung. Gemeinsam wachsen im Kreativen Feld. Weinheim: Beltz.

Burow, O.-A. (2011): Positive Pädagogik. Sieben Wege zu Lernfreude und Schulglück. Weinheim: Beltz.

Chott, P. O. (1999): Ansätze zur Entwicklung einer ›Fehlerkultur‹ in der Schule. In: PädForum 27, 3, S. 238–248.

Crocker, J. (2002): The cost of seeking self-esteem. In: Journal of Social Issues 58, S. 597–615.

DAK Präventionsradar 2020–2021: Verantwortlich für den Inhalt: Institut für Therapie- und Gesundheitsforschung IFTNord gGmbH. https://www.praeventionsradar.de/downloads/Ergebnisbericht_SJ2021.pdf

Damásio, A. R. (1994): Descartes' Irrtum – Fühlen, Denken und das menschliche Gehirn. München.

Deci, E. L/Ryan, R. M. (1993): Die Selbstbestimmungs-Theorie der Motivation und ihre Bedeutung für die Pädagogik. In: Zeitschrift für Pädagogik 39, 2, S. 223–238.

Dweck, C. S. (2017): Mindset – Changing The Way You think To Fulfil Your Potential. New York.

El Quassil, S./Karig, F. (2021): Erzählende Affen – Mythen, Lügen, Utopien – Wie Geschichten unser Leben bestimmen. Berlin.

Florida, R. (2014): The Rising of the Creative Class. New York.

Frankl, V. E. (2007): … trotzdem Ja zum Leben sagen – Ein Psychologe erlebt das Konzentrationslager. 28. Auflage. München.

Frankl, V. E. (2008): Der Mensch vor der Frage nach dem Sinn. München.

Fredrickson, B. L. (2013): Positive Emotions Broaden and Build. In: Devine, P./Plant, A. (Hrsg.): Advances in Experimental Social Psychology Vol. 47. Burlington: Academic Press, S. 1–53.

Frei, F./Duell, W./Baitsch, C. (1984): Arbeit und Kompetenzentwicklung – Theoretische Konzepte zur Psychologie arbeitsimmanenter Qualifizierung. Bern: Huber.

Fritz-Schubert, E. (2008): Schulfach Glück. Wie ein neues Fach die Schule verändert. Freiburg. i. Br.

Fritz-Schubert, E. (2010): Glück kann man lernen. Berlin.

Fritz-Schubert, E./Saalfrank, W.-T./Leyhausen, M. (Hrsg.) (2015): Praxisbuch Schulfach Glück. Grundlagen und Methoden. Weinheim.

Fritz-Schubert, E. (2017): Schulfach Glück. Werte als Orientierungshilfe des gelingenden Lebens. In: Graf, U./Klinger, S./Mokrosch, R./Regenbogen, A./Strube, S. (Hrsg.): Werte leben lernen. Gerechtigkeit – Frieden – Glück. Osnabrück.

Fritz-Schubert, E. (2017): Lernziel Wohlbefinden. Entwicklung des Konzeptes »Schulfach Glück« zur Operationalisierung und Realisierung gesundheits- und bildungsrelevanter Zielkategorien. Weinheim.

Gardner, H. (1996): So genial wie Einstein. Stuttgart.

Gladwell, M. (2000): The Tipping Point: How Little Things Can Make a Big Difference. Boston.

Graf, U. (2013): Von der »Wert«haftigkeit des Glücks. Überlegungen zu einer salutogenetischen Orientierung in Unterricht und Lehrerbildung. In: Naurath, E./Blasberg-Kuhnke, M./Gläser, E./Mokrosch, R./Müller-Using, S. (Hrsg.): Wie sich Werte bilden. Fachübergreifende und fachspezifische Wert-Bildung. Werte-Bildung interdisziplinär 1. Göttingen, S. 263–284.

Heckhausen, H./Gollwitzer, P. M. (1987): Thought contents and cognitive functioning in motivational versus volitional states of mind. In: Motivation and Emotion, S. 101–120.

Holzkamp, K. (1993): Lernen. Subjektwissenschaftliche Grundlegung. Frankfurt a. M., New York: Campus.

Kahlert, J. (2000): Ganzheitlich Lernen mit allen Sinnen? Plädoyer für einen Abschied von unergiebigen Begriffen. In: Grundschulmagazin 12, S. 37–40.

Kahneman, D. (2012): Schnelles Denken, langsames Denken. München.

KMS-Bildung (2021): Tagungsbericht Deutsches Lehrkräfteforum 2021. https://kms-b.de/2021/11/21/tagungsbericht-deutsches-lehrkrafteforum-2021/

Kuhl, J. (2001): Motivation und Persönlichkeit. Interaktionen psychischer Systeme. Göttingen.

Löffler-Gutmann, A. (2015): Wirksamkeitsevaluation von »Schulfach Glück« auf Werthaltungen und subjektives Wohlbefinden von Mittel- und Berufsschulgruppen. Unveröffentlichte Zulassungsarbeit zur wissenschaftlichen Prüfung für das Lehramt an Gymnasien in Bayern an der Ludwig-Maximilians-Universität München. München.

Martens, J.-U. (2014): Glück in Psychologie, Philosophie und im Alltag. Stuttgart: Kohlhammer.

Mayring, Ph. (1991): Psychologie des Glücks. Stuttgart.

Miller, R. (2013): Frei von Erziehung, reich an Beziehung: Plädoyer für ein neues Miteinander. Freiburg.

Müller-Using, S. (2011): Beziehungskulturen und Schulqualität: Welche Werte leiten professionelles Alltagshandeln von Grundschullehrer/innen. In: Kuhl, J./Müller-Using, S./Solzbacher, C./Warnecke, W. (Hrsg.): Niedersächsisches Institut für frühkindliche Bildung und Entwicklung: Bildung braucht Beziehung. Selbstkompetenz stärken – Begabung entfalten. Freiburg i. B.

Neubrand, S. (2021): The missing construct: Impathy–Conceptualization, operationalization, and clinical considerations. Doctoral dissertation, University of Basel.
Oser, F./Spychiger, M./Hascher, T./Mahler, F. (1997): Die Fehlerkulturschule. Entwicklung der Fehlerkultur als Projekt im Rahmen von Schulentwicklung. Schriftenreihe zum Projekt »Lernen Menschen aus Fehlern? Zur Entwicklung einer Fehlerkultur in der Schule, Heft 2/Nr. 3. Fribourg: Päd. Institut der Universität Fribourg.
Overlack, B. (2018): FuckUp. Das Scheitern von heute sind die Erfolge von morgen. Weinheim.
Prinz, W. (2013): Selbst im Spiegel. Die soziale Konstruktion von Subjektivität. Berlin.
Robinson, K./Aronica, L. (2018): Dein Kind, die Schule und Du. Ein Navi für den Bildungsweg, Salzburg.
Robinson, K./RSA Animate (2010): Changing education paradigms. TED Talk. https://www.ted.com/talks/sir_ken_robinson_changing_education_paradigms
Rosa, H. (2012): Weltbeziehungen im Zeitalter der Beschleunigung: Umrisse einer Neuen Gesellschaftskritik. Frankfurt a. M.
Roth, H. (1971): Pädagogische Anthropologie: Band 2: Entwicklung und Erziehung: Grundlagen einer Entwicklungspädagogik. Hannover.
Ryff, C. (1989): Happiness is everything, or is it? Explorations on the meaning of psychological wellbeing. In: Journal of Personality and Social Psychology 57, S. 1069–1081.
Saalfrank, W.-T. (2010): Der »Einzelne« – Ausgangspunkt pädagogischen Handelns. Pädagogische Rundschau 64, 3, S. 254–258.
Saalfrank, W.-T. (2009): Bildung als Wohnkunst. Bildung als Orientierungspunkt in einer sich entgrenzenden Gesellschaft. Sozialwissenschaftlicher Fachinformationsdienst: Bildungsforschung, Bd. 2, S. 9–25.
Saalfrank, W.-T./Lerche, T. (2014): Haben heißt nicht können – Sofortness als Herausforderung für pädagogisches Handeln. In: merz (spektrum), 1, S. 54–59.
Scheunpflug, A. (2001): Evolutionäre Didaktik. Weinheim.
Schiepe-Tiska, A./Bertrams, A. (2015): Wirksamkeitsevaluation eines Unterrichtsprogramms zur Förderung des subjektiven Wohlbefindens, des Selbstwertgefühls und der Selbstwirksamkeit von Schülern. In: Unterrichtswissenschaft 43, S. 83–96.
Schmidt, G. (2005): Einführung in die hypnosystemische Therapie und Beratung. Heidelberg.
Seligman, M. (2010): Erlernete Hilflosigkeit. Weinheim.
Seligman, M. (2012): Flourish – Wie Menschen aufblühen. Die Positive Psychologie des gelingenden Lebens. München: Kösel.
Sinek, S. (2014): Frag immer erst: warum: Wie Top-Firmen und Führungskräfte zum Erfolg inspirieren. München.
Springman-Preis, S. (2020): Notsignale aus dem Klassenzimmer: Hilfen und Lösungswege gemeinsam finden.
Spychiger, M./Mahler, F./Hascher, T./Oser, F. (1998): Fehlerkultur aus der Sicht von Schülerinnen und Schülern. Der Fragebogen S-UFS: Entwicklung und erste Ergebnisse – Schriftenreihe zum Projekt »Lernen Menschen aus Fehlern? Zur Entwicklung eines Fehlerkultur in der Schule; Heft 3/Nr. 4. Fribourg: Päd. Institut der Universität Fribourg/CH.
Waibel, E. M. (2011): Erziehung zum Sinn – Sinn der Erziehung. Grundlagen einer existenziellen Pädagogik. Augsburg.
Weltgesundheitsorganisation (WHO) (1946): Verfassung der Weltgesundheitsorganisation. https://www.admin.ch/opc/de/classified-compilation/19460131/ 201405080000/0.810.1.pdf